法律法规案例注释版系列

中华人民共和国

无障碍环境建设法

案例注释版

第五版

中国法制出版社
CHINA LEGAL PUBLISHING HOUSE

第五版说明

我国各级人民法院作出的生效裁判是审判经验的结晶，是法律适用在社会生活中真实、具体而生动的表现，是连接抽象法律与现实纠纷的桥梁。因此，了解和适用法律最好的办法，就是阅读、参考已发生并裁判生效的真实案例。从广大读者学法用法以及法官、律师等司法实务人员工作的实际需要出发，我们组织编写了这套“法律法规案例注释版系列”。该丛书侧重“以案释法”，期冀通过案例注释法条的方法，将法律条文与真实判例相结合，帮助读者准确理解与适用法律条文，并领会法律制度的内在精神。

丛书最大的特点是：

第一，专业性。

丛书所编选案例的原始资料来源于各级人民法院已经审结并发生法律效力的裁判，从阐释法律规定的需要出发，加工整理而成。案例来源主要包括但不限于：最高人民法院、最高人民检察院公布的指导案例；各级人民法院和人民检察院总结编撰并发布的供本辖区人民法院、人民检察院办案参阅、参考的典型案例。对于没有相关真实案例的重点法条，则从全国人大常委会法工委等立法部门对条文的专业解读中提炼条文注释。

第二，示范性。

裁判案例是法院依法对特定主体之间在特定时间、地点发生的法律纠纷作出的裁判，其本身具有真实性、指导性和示范性的特点。丛书选择的案例紧扣法律条文规定，对于读者有很强的参考借鉴价值。

第三，实用性。

每本书都由专业人士撰写主体法的适用提示，以帮助读者对该法有整体的了解。丛书设置“相关案例索引”栏目，列举更多的相关案例，归纳出案件要点，以期通过相关的案例，进一步发现、领会和把握法律规则、原则，从而作为解决实际问题的参考，做到举一反三。此外，我们还在主体法律文件之后收录重要配套法律文件，以及相应的法律流程图表、文书等内容，方便读者查找和使用。

希望本丛书能够成为广大读者学习、理解和运用法律的得力帮手！

目　录

中华人民共和国无障碍环境建设法

第一章　总　　则

第二章　无障碍设施建设

第三章　无障碍信息交流

第四章　无障碍社会服务

第七章　法律责任

第八章　附　　则

附录一　相关法律法规

附录二　常用文书范本

适用提示

《无障碍环境建设法》① 于2023年6月28日由中华人民共和国第十四届全国人民代表大会常务委员会第三次会议通过，自2023年9月1日起施行。这是我国首次就无障碍环境建设制定专门性法律。

《无障碍环境建设法》共8章，包括总则、无障碍设施建设、无障碍信息交流、无障碍社会服务、保障措施、监督管理、法律责任、附则。《无障碍环境建设法》的主要特色包括：

一、基本定位明确、保障重点突出

围绕残疾人事业发展需要，适应人口老龄化的趋势，明确无障碍环境建设重点保障残疾人、老年人，在制度设计、标准确立、建设要求等方面，紧扣残疾人、老年人的需求和期盼，体现本法的特色性、现实性。

二、系统观念鲜明、制度设计全面

无障碍环境建设是一项综合性的系统工程，涉及多领域、多部门、多主体，既有传统的设施建设领域，也有新型的信息交流；既有有形的硬件设施设备，也有无形的软件服务理念。法律对无障碍环境建设的全要素、全链条、全场景作出系统规定，推动社会各方面共同发力，促进无障碍环境建设高质量发展。

三、坚持问题导向、聚焦难点问题

聚焦人民群众"急难愁盼"问题，不断完善解决问题的理念、思路和举措。积极落实党中央大兴调研相关要求，深入基层社区、街道和相关单位开展立法调研，通过多种形式系统梳理实践中的突出问题，有针对性地提出对策。

---

① 本书法律文件使用简称，以下不再标注。

中华人民共和国无障碍环境建设法

（2023 年 6 月 28 日第十四届全国人民代表大会常务委员会第三次会议通过　2023 年 6 月 28 日中华人民共和国主席令第 6 号公布　自 2023 年 9 月 1 日起施行）

目　　录

第一章　总　　则

第一条　**【立法目的】**[①] 为了加强无障碍环境建设，保障残疾人、老年人平等、充分、便捷地参与和融入社会生活，促进社会全体人员共享经济社会发展成果，弘扬社会主义核心价值观，根据宪法和有关法律，制定本法。

① 条文主旨为编者所加，全书同。

● ***条文释义***

本条在立法目的中将无障碍环境建设的保障对象规定为残疾人、老年人，同时惠及其他人。无障碍环境是指残疾人参与社会生活的基本条件，也是方便社会全体成员的重要措施，是完善公共服务和城市功能的基本元素。无障碍环境建设的目的是为残疾人、老年人等群体提供服务便利。

● ***相关规定***

《宪法》第1、24条；《民法典》第128条；《国务院关于印发"十四五"残疾人保障和发展规划的通知》；《无障碍环境建设"十四五"实施方案》

第二条　【国家推进无障碍环境建设】国家采取措施推进无障碍环境建设，为残疾人、老年人自主安全地通行道路、出入建筑物以及使用其附属设施、搭乘公共交通运输工具，获取、使用和交流信息，获得社会服务等提供便利。

残疾人、老年人之外的其他人有无障碍需求的，可以享受无障碍环境便利。

● ***相关规定***

《残疾人保障法》第53条；《无障碍环境建设条例》第2条

第三条　【工作领导机制】无障碍环境建设应当坚持中国共产党的领导，发挥政府主导作用，调动市场主体积极性，引导社会组织和公众广泛参与，推动全社会共建共治共享。

第四条　【建设原则】无障碍环境建设应当与适老化改造相结合，遵循安全便利、实用易行、广泛受益的原则。

● 条文释义

本条明确无障碍环境建设应当与适老化改造相结合。统筹推进无障碍环境建设与适老化改造，是应对人口老龄化和加强新时代老龄工作的重要举措。

案例 1

规范公共基础设施适老化建设（最高检发布10件无障碍环境建设公益诉讼典型案例之七）①

某区作为公园城市首提地和公园城市建设示范区，近年来吸引了许多老年人前来安居颐养天年。但其辖区内部分公共交通车站、站点、公共交通工具存在未在醒目位置设置老年人等重点人群服务标志、未开辟老年人候乘专区或专座、无障碍通道设置不符合规定以及部分公园适老化座椅不足的问题，给老年人出行带来不便，且存在一定安全隐患，损害了老年人合法权益和社会公共利益。

检察院认为，根据《老年人权益保障法》第62条、《四川省老年人权益保障条例》第56条、《国务院办公厅关于制定和实施老年人照顾服务项目的意见》、《成都市人民政府办公厅关于制定和实施老年人照顾服务项目的实施意见》等规定，各级人民政府在制定城乡规划时，应当根据人口老龄化发展趋势、老年人口分布和老年人的特点，统筹考虑适合老年人的公共基础设施、生活服务设施、医疗卫生设施和文化体育设施。建设部门应当实施老年人公共交通照顾服务项目，要在公共交通场所、站点和工具的无障碍设施与改造，在醒目位置设置老年人等重点人群服务标志，开辟老年人候乘专区与专座等。区公园城市建设局对涉及适老化公共基础设施、生活服务设施、文化体育设施等城乡规划和建设

---

① 参见中华人民共和国最高人民检察院网站，https：//www.spp.gov.cn/xwfbh/wsfbh/202105/t20210514_ 518136.shtml，2023年6月28日访问。

负有监管职责，从服务地方大局和保护老年人权益出发，建议区公园城市建设局对改建和新建工程进行适老化配套设施的调整改造。区公园城市建设局采纳了检察机关的建议，双方形成会议纪要，一致同意制定整改方案，将增设适老化设施等问题列入建设规划，在进行全面排查的基础上，依法规范和提升适老化设施的建设水平。

综上所述，老年人宜居环境建设，是实现好、维护好、发展好最广大人民群众的根本利益，关乎人文社会内涵与生活品质的提升。检察机关为保障老年人平等参与公园城市的美好生活，积极维护老年人的合法权益，以诉前磋商的方式，强化检察监督与行政履职协作联动，推动在建、改建、新建工程的功能升级，共同发挥行政机关与检察机关保护老年人合法权益的协同共治合力，实现了双赢多赢共赢的社会效果。

● ***相关案例索引***

区人民检察院督促设置无障碍通道行政公益诉讼案（辽宁省人民检察院、省残联联合发布5起无障碍环境建设检察公益诉讼典型案例之四）①

本案要点：针对辖区公园及购物广场门口未设置无障碍通道的问题，检察机关依法向行政机关发出行政诉前检察建议，督促协同相关职能部门主动作为，并全程跟进监督。通过开展常态化“回头看”发现的未开通无障碍通道、未设置缓坡等整改不到位的问题，依法提起行政公益诉讼，以多方代表现场磋商促问题整改，推动无障碍环境建设法治化进程。同时在全区范围内开展无障碍通道设置的专项整治行动，切实保障老年人、残疾人等特殊需求群体的出行安全。

● ***相关规定***

《无障碍环境建设条例》第3条

---

① 载“辽宁政法”微信公众号，https：//mp. weixin. qq. com/s/8nUIC5SuSFULrnx3UoV_vA，2023年6月28日访问。

第五条　【与经济发展水平相适应】无障碍环境建设应当与经济社会发展水平相适应，统筹城镇和农村发展，逐步缩小城乡无障碍环境建设的差距。

● ***相关规定***

《住房和城乡建设部、民政部、中国残联、全国老龄办关于加强村镇无障碍环境建设的指导意见》

第六条　【经费保障】县级以上人民政府应当将无障碍环境建设纳入国民经济和社会发展规划，将所需经费纳入本级预算，建立稳定的经费保障机制。

● ***相关规定***

《无障碍环境建设条例》第4条

第七条　【政府职责】县级以上人民政府应当统筹协调和督促指导有关部门在各自职责范围内做好无障碍环境建设工作。

县级以上人民政府住房和城乡建设、民政、工业和信息化、交通运输、自然资源、文化和旅游、教育、卫生健康等部门应当在各自职责范围内，开展无障碍环境建设工作。

乡镇人民政府、街道办事处应当协助有关部门做好无障碍环境建设工作。

● ***相关规定***

《无障碍环境建设条例》第5条；《工业和信息化部、中国残疾人联合会关于推进信息无障碍的指导意见》

第八条　【社会团体职责】残疾人联合会、老龄协会等组织依照法律、法规以及各自章程，协助各级人民政府及其有关部门做好无障碍环境建设工作。

● ***条文释义***

本条规定了老龄协会的职责。实践中，老年人组织多种多样，有经批准设立的，也有依法登记成立的，本条按照有关完善老龄工作体制的要求，将老年人组织明确为老龄协会。

● ***相关规定***

《残疾人保障法》第52条；《中国残疾人联合会章程》

第九条　【立法征求意见】制定或者修改涉及无障碍环境建设的法律、法规、规章、规划和其他规范性文件，应当征求残疾人、老年人代表以及残疾人联合会、老龄协会等组织的意见。

第十条　【国家鼓励支持无障碍建设】国家鼓励和支持企业事业单位、社会组织、个人等社会力量，通过捐赠、志愿服务等方式参与无障碍环境建设。

国家支持开展无障碍环境建设工作的国际交流与合作。

● ***相关规定***

《无障碍环境建设条例》第7条

第十一条　【表彰和奖励】对在无障碍环境建设工作中做出显著成绩的单位和个人，按照国家有关规定给予表彰和奖励。

● ***相关规定***

《无障碍环境建设条例》第8条

第二章　无障碍设施建设

第十二条　【无障碍设施工程建设】 新建、改建、扩建的居住建筑、居住区、公共建筑、公共场所、交通运输设施、城乡道路等，应当符合无障碍设施工程建设标准。

无障碍设施应当与主体工程同步规划、同步设计、同步施工、同步验收、同步交付使用，并与周边的无障碍设施有效衔接、实现贯通。

无障碍设施应当设置符合标准的无障碍标识，并纳入周边环境或者建筑物内部的引导标识系统。

案例 2

规范文物保护单位、英烈纪念设施无障碍环境建设（最高检发布10件无障碍环境建设公益诉讼典型案例之六）①

某县内共有不可移动文物点223处，英雄烈士纪念设施23处，其中3处为省级文物保护单位，是市爱国主义教育基地、红色基因传承教育基地。长期以来，7处对外开放的文物保护单位、22处英雄烈士纪念设施均未设置无障碍设施，无法满足残障人士自主参观需求，损害了社会公共利益。

检察院认为，根据英烈保护、无障碍环境建设等相关法律法规，相关职能部门未依法履行职责。2021年4月1日，县检察院分别向县文旅局、县退役军人事务局发出诉前检察建议，督促两单位积极依法履行法

① 参见中华人民共和国最高人民检察院网站，https：//www.spp.gov.cn/xwfbh/wsfbh/202105/t20210514_518136.shtml，2023年6月28日访问。

定职责，全面排查全县文物保护单位、英雄烈士纪念设施等无障碍设施情况，制定具体建设改造方案并有序推进，切实保障特殊群体平等接受革命传统教育、爱国主义教育。两单位收到检察建议后，成立了专项工作领导小组，并及时制定相应整改方案。县文旅局拟于2021年5月底前，完成开放的7处文物保护单位无障碍设施改造；县退役军人事务局对正在施工的两处英雄烈士纪念设施增设了无障碍卫生间和无障碍坡道，并计划于2021年底前，完成全县所有英雄烈士纪念设施无障碍设施建设改造工作。

综上所述，加强文物保护单位、英雄烈士纪念设施无障碍设施建设，对于充分保障残障人士平等参与社会生活，更好地接受革命传统教育、爱国主义教育具有重要意义。检察机关通过走访有关职能部门和残疾人代表，了解无障碍设施的现状和难点，有效提升诉前检察建议针对性。在诉前检察建议发出后，通过举办听证会、座谈会，与行政机关会签无障碍建设实施办法，邀请残障人士现场体验等方式，及时验收整改情况，评议整改方案，保障整改工作持续有力推进。

案例 3

对不规范的无障碍指引标识进行专项治理（最高检发布10件无障碍环境建设公益诉讼典型案例之八）①

近年来，辖区内公共场所及大型商场无障碍指引标识体系存在诸多不规范，残障人士进入公共场所后无法准确、便捷获取无障碍设施位置，造成出行不便，侵害了特殊群体权益，也损害了社会公共利益。

区检察院认为，区商务局、区综合行政执法局对案涉无障碍标识负有监管职责，因其未依法履职，导致公共利益受损。两单位收到检察建议后，区商务局约谈并责令案涉企业纠正违法行为，指导相关企业提升

① 参见中华人民共和国最高人民检察院网站，https：//www. spp. gov. cn/xwfbh/wsfbh/202105/t20210514_ 518136. shtml，2023年6月28日访问。

无障碍设施运维水平；区综合行政执法局迅速进行实地勘察，责令相关企业对42块不规范引导标识进行改造，同时推动全区830块无障碍设施引导标识专项治理。

综上所述，无障碍标识是供残障人士及其他有特殊需求人群使用的无障碍设施标志及公共信息图形符号，是提升无障碍设施使用效率的服务指引。无障碍标识应当设置在公共设施显著位置，应当清晰指明无障碍设施的走向及位置。当前，我国城市无障碍指引标识有较大改进空间，标识设置的不规范问题降低了特殊群体生活的便利性。以检察公益诉讼推动无障碍标识规范化，对维护社会公共利益、推进市域社会治理现代化、提升特殊群体生活幸福指数具有重要意义。

案例 4

规范英烈纪念设施无障碍环境建设（内蒙古检察机关发布4起无障碍环境建设公益诉讼典型案例之四）①

烈士陵园（烈士纪念广场）是自治旗爱国主义教育示范基地。烈士陵园未设置无障碍通道，残疾人、老年人等特殊群体不便于自主参观烈士塑像，无法满足残疾人、老年人等特殊群体参加瞻仰活动的需求，损害了社会公共利益。

检察院认为，烈士陵园未设置专门无障碍通道，造成残疾人、老年人等特殊群体不便参与英烈瞻仰活动。根据《烈士纪念设施保护管理办法》第14条、《无障碍环境建设条例》第11条第2款、第17条、第33条的规定，自治旗退役军人事务局负责烈士陵园的保护和管理，未依法履行无障碍环境建设职责。检察建议发出后，自治旗退役军人事务局与自治旗检察院召开了座谈会，研究讨论无障碍环境建设问题，自治旗退

① 参见“内蒙古检察”微信公众号，https：//mp. weixin. qq. com/s/fnlU5wSKLid A_ _JPi5bpyQ，2023年6月28日访问。

役军人事务局接受并采纳了检察建议内容，承诺为烈士纪念设施修筑通向烈士塑像的无障碍通道。

综上所述，检察机关通过行政公益诉讼诉前检察建议，督促相关行政机关依法履职，为英烈纪念设施设置无障碍通道，保障残疾人、老年人等特殊群体瞻仰烈士的权益，彰显人文关怀。检察机关督促整改烈士纪念设施管护水平，在全社会形成一种大力弘扬和学习革命烈士的英雄事迹和革命精神的良好氛围。

● ***相关规定***

《老年人权益保障法》第64条；《残疾人保障法》第53条；《无障碍环境建设条例》第9、10条；《建筑与市政工程无障碍通用规范》1

第十三条　【国家鼓励先进的理念技术】国家鼓励工程建设、设计、施工等单位采用先进的理念和技术，建设人性化、系统化、智能化并与周边环境相协调的无障碍设施。

● ***相关规定***

《残疾人保障法》第57条

第十四条　【建设经费与验收】工程建设单位应当将无障碍设施建设经费纳入工程建设项目概预算。

工程建设单位不得明示或者暗示设计、施工单位违反无障碍设施工程建设标准；不得擅自将未经验收或者验收不合格的无障碍设施交付使用。

● ***相关规定***

《建筑与市政工程无障碍通用规范》5

第十五条　【设计与审查】工程设计单位应当按照无障碍设施工程建设标准进行设计。

依法需要进行施工图设计文件审查的，施工图审查机构应当按照法律、法规和无障碍设施工程建设标准，对无障碍设施设计内容进行审查；不符合有关规定的，不予审查通过。

第十六条　【施工和监理】工程施工、监理单位应当按照施工图设计文件以及相关标准进行无障碍设施施工和监理。

住房和城乡建设等主管部门对未按照法律、法规和无障碍设施工程建设标准开展无障碍设施验收或者验收不合格的，不予办理竣工验收备案手续。

第十七条　【意见征询和体验试用】国家鼓励工程建设单位在新建、改建、扩建建设项目的规划、设计和竣工验收等环节，邀请残疾人、老年人代表以及残疾人联合会、老龄协会等组织，参加意见征询和体验试用等活动。

第十八条　【无障碍设施改造】对既有的不符合无障碍设施工程建设标准的居住建筑、居住区、公共建筑、公共场所、交通运输设施、城乡道路等，县级以上人民政府应当根据实际情况，制定有针对性的无障碍设施改造计划并组织实施。

无障碍设施改造由所有权人或者管理人负责。所有权人、管理人和使用人之间约定改造责任的，由约定的责任人负责。

不具备无障碍设施改造条件的，责任人应当采取必要的替代性措施。

● 条文释义

本条第 1 款规定明确县级以上人民政府应当制定“有针对性的”无障碍设施改造计划。实践中，无障碍设施改造工作涉及的范围广泛、情况较为复杂，为确保改造取得实效，政府制定的改造计划应当具有针对性。

案例 5

整改既有无障碍设施被占用等问题（苏州市检察院联合市住建局、市残联发布 4 件无障碍环境建设检察公益诉讼典型案例之四）①

2021 年 8 月，根据上级检察机关部署，市检察院开展无障碍环境建设公益诉讼专项活动，发现当地在无障碍设施建设方面存在规划建设不规范、部分既有设施被违法占用等问题。

检察院认为，无障碍设施建设主要存在两方面问题：一是无障碍通行设施不完善，盲道建设不健全、被占用，停车场、大型居住区未设置无障碍停车位、公共场所无障碍电梯设置不规范。二是无障碍服务设施不规范，部分政府办事机构未设计建造无障碍设施，后期也未改造。因住建部门负责无障碍设施建设和使用的监督管理，从诉源治理的角度，由该部门统筹，更有利于问题处理。住建部门会同检察机关、残联制定了整改工作方案，联合 18 家单位召开工作推进会，有序推进整改。各相关部门对城镇道路、城市广场、公园绿地、居住小区、公共场所、政府办公机构等公共设施和建筑物无障碍设施进行排查梳理。整改道路和广场无障碍设施 342 处，多处公园、政府办事机构无障碍设施已改造完成。

综上所述，城市无障碍设施建设是衡量一个城市文明程度的标志，也是保障残疾人、老年人、伤病人等特殊人群平等参与社会生活的基

---

① 参见“苏州检察发布”微信公众号，https：//mp. weixin. qq. com/s/SuKY4fVvwQ3pAAKp0eASrQ，2023 年 6 月 28 日访问。

础。城市无障碍设施建设涉及场所多、建设主体多，检察机关发挥公益诉讼职能作用，会同住建、残联等部门，制定整改工作方案，合力推动全市多部门开展排查整改，取得了较好的效果。

● ***相关规定***

《无障碍环境建设法》第65条；《老年人权益保障法》第65条；《残疾人保障法》第53条；《无障碍环境建设条例》第11、12、17、33条

第十九条　【家庭无障碍设施改造】县级以上人民政府应当支持、指导家庭无障碍设施改造。对符合条件的残疾人、老年人家庭应当给予适当补贴。

居民委员会、村民委员会、居住区管理服务单位以及业主委员会应当支持并配合家庭无障碍设施改造。

● ***相关规定***

《无障碍环境建设条例》第29条；《住房和城乡建设部、民政部、财政部等部门关于加强老年人家庭及居住区公共设施无障碍改造工作的通知》；《关于"十四五"推进困难重度残疾人家庭无障碍改造工作的指导意见》

第二十条　【就业场所无障碍设施建设】残疾人集中就业单位应当按照有关标准和要求，建设和改造无障碍设施。

国家鼓励和支持用人单位开展就业场所无障碍设施建设和改造，为残疾人职工提供必要的劳动条件和便利。

案例 6

规范盲人医疗按摩活动（最高人民检察院、中国残疾人联合会联合发布 10 件残疾人权益保障检察公益诉讼典型案例之一）①

近年来，市内盲人医疗按摩行业蓬勃发展，但行业管理不规范问题突出，存在假借盲人名义进行虚假宣传、违规开展诊疗活动、盲人按摩师劳动权益保障不到位、部分盲人按摩机构未登记注册、经营场所存在安全隐患等情况，侵犯了合规从业盲人的正当权益，损害盲人医疗按摩行业的健康有序发展，侵害社会公共利益。

检察院认为，辖区内盲人按摩行业存在以下问题：一是假借盲人名义开办按摩机构问题突出，78 家挂“盲人按摩”招牌的机构中，有 16 家没有盲人按摩师，9 成以上的盲人非医疗按摩机构违规开展诊疗活动；二是盲人按摩师劳动权益保障缺失，部分机构未与盲人按摩师签订劳动合同，未办理养老保险、医疗保险，未组织进行职业技能培训；三是盲人按摩就业经营场所存在卫生、消防等安全隐患。根据《劳动法》《盲人医疗按摩管理办法》《医疗机构管理条例实施细则》等相关规定，相关职能部门在就业保障、卫生消防安全、注册登记等方面存在监管缺位。为此，市检察院向市场监管、卫生健康等部门发出诉前检察建议，督促规范盲人医疗按摩行业，维护从业盲人合法权益。相关部门积极履职尽责，残疾人联合会、人力资源社会保障部门为盲人按摩师培训共 60 人次，新颁盲人按摩师证件 19 人次，签订或补签劳动合同 31 份；市场监管、民政部门为 20 家符合条件的盲人医疗按摩机构进行登记注册；卫生健康、消防部门监督 15 家营业场所改造设施，消除安全隐患。

综上所述，促进残疾人就业，是残疾人保障和发展的重中之重。检察机关通过依法扶持和规范盲人医疗按摩行业发展，进而激活政府、企

---

① 参见中华人民共和国最高人民检察院网站，https：//www. spp. gov. cn/spp/xwfbh/wsfbt/202205/t20220513_ 556792. shtml#2，2023 年 6 月 28 日访问。

业、社会等各方力量，增设公益性岗位，加大资金投入和保障，为残疾人参加职业技能培训、就业创业提供无障碍支持服务，拓宽残疾人文化艺术、心理卫生等领域就业渠道，促进残疾人就近就便参加生产劳动、进行职业康复、实现社会融合。

● ***相关规定***

《残疾人保障法》第31、32、36、53条

第二十一条　【配套无障碍设施建设】 新建、改建、扩建公共建筑、公共场所、交通运输设施以及居住区的公共服务设施，应当按照无障碍设施工程建设标准，配套建设无障碍设施；既有的上述建筑、场所和设施不符合无障碍设施工程建设标准的，应当进行必要的改造。

● ***相关规定***

《老年人权益保障法》第64条；《残疾人保障法》第53条；《建筑与市政工程无障碍通用规范》3

第二十二条　【老旧小区改造】 国家支持城镇老旧小区既有多层住宅加装电梯或者其他无障碍设施，为残疾人、老年人提供便利。

县级以上人民政府及其有关部门应当采取措施、创造条件，并发挥社区基层组织作用，推动既有多层住宅加装电梯或者其他无障碍设施。

房屋所有权人应当弘扬中华民族与邻为善、守望相助等传统美德，加强沟通协商，依法配合既有多层住宅加装电梯或者其他无障碍设施。

条文释义

本条对加装电梯等无障碍设施作出了规定。社会广泛关注加装电梯等无障碍设施的问题，本条从国家支持、政府推动、居民配合三个方面，推动解决城镇老旧小区无障碍设施和适老化改造中加装电梯问题，明确了加装范围，发挥社区基层组织作用，并充分考虑居民的不同利益诉求。具体如下：一是将加装电梯等无障碍设施的住宅范围明确为“城镇老旧小区既有多层住宅”；二是规定“发挥社区基层组织作用”以及房屋所有权人“加强沟通协商”。

案例 7

检察公益诉讼整改不规范的无障碍电梯（江苏省检察院、省住建厅、省残联联合发布 9 起无障碍环境建设检察公益诉讼典型案例之五）①

2021 年 1 月，区残联向检察机关反映，部分新建住宅小区电梯无障碍设施建设不到位，给行动不便的老年人、残障人士出行带来困扰。

检察院认为，《老年人权益保障法》《残疾人保障法》《无障碍环境建设条例》和相关设计规范等规定，新建住宅小区施工方案中设计的无障碍电梯，应设置扶手、低位按键、报层音响等无障碍设施。多个新建住宅小区未规范建设无障碍电梯，损害了社会公共利益。检察机关向该区行政机关制发检察建议，建议对上述无障碍电梯不规范情形依法责令改正。行政机关收到检察建议后，高度重视，通过查阅工程档案、现场检查电梯设施，全面排查全区新建住宅小区无障碍电梯设施情况，发现全区数百部电梯在施工图中标注为无障碍电梯，但无障碍设施不全。行政机关组织召开居住建筑电梯无障碍设施整改推进会，及时向相关开发建设企业下达了工程质量监督整改通知书。

---

① 参见“江苏检察在线”微信公众号，https：//mp. weixin. qq. com/s/sqE57G2_2QLdjIWv5mtKPg，2023 年 6 月 28 日访问。

综上所述，小区住宅楼设置无障碍电梯，是打通无障碍畅行的重要环节。检察机关立足公益诉讼检察职能，推动行政机关因地制宜开展住宅小区无障碍电梯设施系统治理，回应了残障人士、老年人等特殊群体对美好生活的新需求。

案例 8

能动司法保障残疾人出行需求（湖北高院发布维护残疾人合法权益八大典型案例之四）①

钱某与某小区开发商订立购房合同时，明确约定交房条件包括“满足使用功能要求”，且交房前物业费由房地产公司承担，交房后物业费由钱某承担。钱某系残疾人，需借助轮椅出行，其购买住宅所在楼栋单元门口仅设计四级台阶通行，无法满足轮椅出行需求。后开发商改造台阶为斜坡，但坡度较陡仍未达到无障碍设施的相关标准，故钱某以不符合购房合同中约定的“满足使用功能要求”为由未收房并拒绝缴纳物业费。某物业公司遂诉至法院要求钱某支付物业费。

法院认为，承办法官主动到小区进行现场勘验，发现单元大门虽经改造成为斜坡，但坡度较陡，仍无法满足轮椅通行需求。该坡道周围有足够空间将其延长以符合相关标准，仅对大厅美观有所影响。据此，法院认为经开发商简易改造后的无障碍通道未达到轮椅坡道 1∶16 的标准，判决驳回某物业公司的全部诉讼请求。

综上所述，从住宅设计来说，需要全面考虑业主个体的特殊情形。《住宅建筑规范》明确规定住宅建设应符合无障碍设计原则，且就无障碍设计的范围与标准进行了详细规定，目的在于保障残疾人业主出行便利和平等、充分、全面参与社会生活。

---

① 参见“湖北高院”微信公众号，https：//mp. weixin. qq. com/s/ie5UWbR0DsrE2wf_ M5lUSQ，2023 年 6 月 28 日访问。

● *相关规定*

《民法典》第281条；《老年人权益保障法》第65条；《残疾人保障法》第53条；《无障碍环境建设条例》第27条；《中国残联关于在国家老旧小区改造试点中切实落实无障碍改造工作的通知》

第二十三条　【城市主干路、主要商业区无障碍设施建设】 新建、改建、扩建和具备改造条件的城市主干路、主要商业区和大型居住区的人行天桥和人行地下通道，应当按照无障碍设施工程建设标准，建设或者改造无障碍设施。

城市主干路、主要商业区等无障碍需求比较集中的区域的人行道，应当按照标准设置盲道；城市中心区、残疾人集中就业单位和集中就读学校周边的人行横道的交通信号设施，应当按照标准安装过街音响提示装置。

● *条文释义*

本条第2款规定了过街音响提示装置的安装范围。从有关地方的实践看，在残疾人较为集中的区域安装过街音响提示装置，对于保障残疾人出行安全很有助益，本条对安装范围进行了明确。

案例 9

保护残疾人盲道安全（最高人民检察院、中国残疾人联合会联合发布10件残疾人权益保障检察公益诉讼典型案例之四）①

2021年4月，县检察院在履职中发现，城区内多个路段上的多处盲道缺失、毁损；拐弯及尽头处未按要求铺设提示砖、盲道与路口衔接处未设置缓坡；部分盲道建设未避开树木、电杆等障碍物；其中两处盲道

① 参见中华人民共和国最高人民检察院网站，https：//www.spp.gov.cn/spp/xwfbh/wsfbt/202205/t20220513_556792.shtml#2，2023年6月28日访问。

上还压有配电箱、消防栓等危险物品。盲道建设问题影响了残疾人交通安全，侵害了残疾人合法权益，损害了社会公共利益。

检察院认为，根据《道路交通安全法》《残疾人保障法》《无障碍环境建设条例》《贵州省残疾人保障条例》等法律法规规定，县住建局对城区内道路无障碍设施（盲道）负有管理和维护的职责。县住建局回复称部分路段已整改完毕，部分路段因客观原因暂不能整改，另有部分路段陆续安排整改中。之后，县检察院先后派员到上述路段进行现场勘查，发现盲道存在的问题依然没有整改，社会公共利益仍持续受到侵害。经层报省检察院审批同意，县检察院按照行政诉讼集中管辖规定，向县法院提起行政公益诉讼。县住建局申请延期开庭，并致函县检察院要求撤回起诉。2021年12月3日，县检察院联合县残联就县住建局履职情况、问题盲道整改效果、是否符合撤回起诉条件等问题进行公开听证，听证员及盲人代表认为残疾人出行交通安全隐患仍然存在，检察机关诉讼请求未能全部实现，不符合撤回起诉条件。2022年3月31日，县法院公开开庭审理本案。检察机关认为县住建局已部分履职，但未全面履职到位，法院完全采纳检察机关意见。依法判决：责令被告县住房和城乡建设局对审理查明的县城区内仍未整改的8条道路盲道35处问题自本判决生效之日起两个月内整改完毕。县住建局表示不上诉，正积极整改中。

综上所述，盲道建设是城市无障碍建设的重要组成部分，事关残疾人交通出行安全，进而影响残疾人其他权益保障。检察机关针对行政机关对盲道安全监管不到位的情形，在发出检察建议的同时，加强与当地残联协作配合，持续跟进监督。

案例 10

督促履行人行天桥无障碍设施建设监管职责（最高人民检察院、中国残疾人联合会联合发布10件残疾人权益保障检察公益诉讼典型案例之五）①

2021年初，市检察院在听取人大代表意见建议时，有代表提出了关于开展对人行天桥进行适应特定群体改造的建议。其中，某路段人行天桥未设置电梯，现有无障碍环境无法满足老、幼、病、残、孕等特定群体的出行需求。

检察院认为，虽然某路段天桥已列入该区无障碍设施改造计划，但因天桥所在范围内市政管线错综复杂，周边地下有地铁、22万伏高压线及其他各类公用管线，若增设无障碍电梯必须对管线、绿化进行大规模改迁，施工难度大，故该天桥的改建工程迟迟没有进展。根据《上海市无障碍环境建设与管理办法》第6条规定，住房城乡建设部门负责公共建筑、居住建筑、居住区无障碍设施工程建设活动的监督管理。因此区检察院与区建设和管理委员会开展多次诉前磋商，督促多部门协同履职，推动天桥无障碍设施改造进展。2021年6月2日，区检察院会同区建设和管理委员会召开全市首例无障碍设施检察公益诉讼公开听证会，邀请区市政管理中心和承担天桥设计工作的工程设计研究院参会，共商解决方案。听证员围绕是否存在比加装电梯更优的无障碍通行方案、施工技术难点、推进改造工程需协调解决问题、设施运维的可持续性等问题开展评议。通过与会各方的动态论证，一致认可给人行天桥加装电梯是平衡兼顾桥下市区主干路快速通行与天桥附近人群便捷安全出行两类社会公共利益的最优选择，并最终形成了较为科学合理的“斜挂式升降平台+上下行自动扶梯”改造方案作为磋商结论。2021年9月6日，某路段人

---

① 参见中华人民共和国最高人民检察院网站，https：//www. spp. gov. cn/spp/xwfbh/wsfbt/202205/t20220513_ 556792. shtml#2，2023年6月28日访问。

行天桥改造工程取得了初步设计及概算批复，计划于2022年竣工。

综上所述，探索开展无障碍环境建设公益诉讼，是坚持检察为民办实事的生动实践。规范的人行天桥无障碍设施建设，是保障特定群体平等参与社会生活、满足应急需求的标准配置。

案例11

以听证助力法治政府建设，保障残疾人权益（最高检发布5件检察听证典型案例之五）①

2019年10月，区检察院在履行公益诉讼监督职责中，发现辖区内部分盲道被损坏、违法占用，导致视力残疾人士出行不便，社会公益严重损害，遂将该案件线索层报省检察院审批立案。

检察院认为，区综合行政执法局等12家行政单位未正确履行各自承担的监管职责，遂向上述行政单位发出公益诉讼诉前检察建议书，并及时将所作决定和相关理由告知听证员。截至2020年7月20日，12家行政单位均已整改并回复，第三方评估显示整治效果良好，盲道障碍基本排除。

综上所述，检察机关在办理行政公益诉讼案件中，为了督促行政机关依法履行职责，解决多个单位的职能与责任交叉问题，组织召开相关领域专家、人大代表和政协委员、有关单位及公共利益被侵害的相关主体代表等多方参与的公开听证会，充分调查核实情况，广泛听取意见，深入释法说理，将检察建议做成刚性、做到刚性，助推行政机关解决特殊群体权益保护问题，把以人民为中心落到实处。

---

① 参见中华人民共和国最高人民检察院网站，https：//www. spp. gov. cn/xwfbh/dxal/202010/t20201020_ 482581. shtml，2023年6月28日访问。

案例 12

维护残障人士出行安全（苏州市检察院联合市住建局、市残联发布4件无障碍环境建设检察公益诉讼典型案例之一）①

【基本案情】

2021年9月至10月，市检察院积极响应省检察院、住建厅、残联联合开展的无障碍环境建设公益诉讼专项监督活动，对辖区内无障碍环境建设进行摸排调查，在实地走访中发现盲道、缘石坡道、无障碍停车位设置不规范、被侵占等问题较为突出，给残障人士出行、生活、娱乐等无障碍通行带来不便，危及残障人士出行安全，立即向相关区镇制发检察建议。

检察院认为，市检察院认真梳理行政机关的法定职责和法律依据，确认区镇政府对无障碍环境建设负有统筹规划、综合协调、监督管理的责任，并向区镇政府提出检察建议：一是依法调查盲道被毁损、侵占及缘石坡道设置不规范的问题，及时清除侵占盲道的违法设施、规范缘石坡道的设置，加强无障碍设施维护的监督管理；二是依法调查主要公共停车场无障碍停车位的设置及维护使用问题，统筹、引导有条件的公共停车场依法规范设置无障碍停车位、规范设置无障碍标志，加强无障碍设施维护的监督管理，确保专位专用，保障残障人士合法权益和出行安全。相关区镇政府收到检察建议后，均高度重视，积极开展了无障碍环境建设与改造，以点到面，针对人群密集区无障碍设置进行排查，对发现的不规范问题及时整改，对主要道路的盲道、缘石坡道完成修缮，对主要公共停车场的无障碍停车位进行规范设置，切实维护了残障人士的出行安全和合法权益，取得了明显的成效。

综上所述，无障碍设施建设是一个国家和社会文明的标志，推进无

---

① 参见“苏州检察发布”微信公众号，https：//mp. weixin. qq. com/s/SuKY4fVvwQ3pAAKp0eASrQ，2023年6月28日访问。

障碍环境建设是保障残疾人合法权益，使残疾人平等参与社会生活的重要条件，也事关每个公民有特殊需求时的应急保障。检察机关在全面摸排调查的基础上，聚焦残疾人、老年人等特殊群体在交通出行、日常生活中的困境，以个案问题推动系统治理，综合运用检察建议、联席会议等方式方法，督促协同相关行政机关依法履行监管职责，共同致力于提升城镇无障碍环境建设水平，为建设包容、无障碍、可持续的社会环境贡献检察力量。

● ***相关规定***

《无障碍环境建设条例》第 14 条；《建筑与市政工程无障碍通用规范》2

第二十四条　【无障碍停车位】停车场应当按照无障碍设施工程建设标准，设置无障碍停车位，并设置显著标志标识。

无障碍停车位优先供肢体残疾人驾驶或者乘坐的机动车使用。优先使用无障碍停车位的，应当在显著位置放置残疾人车辆专用标志或者提供残疾人证。

在无障碍停车位充足的情况下，其他行动不便的残疾人、老年人、孕妇、婴幼儿等驾驶或者乘坐的机动车也可以使用。

案例 13

从设计、施工、维护等各环节严格无障碍环境建设标准（最高检发布 10 件无障碍环境建设公益诉讼典型案例之四）①

2019 年以来，在辖区主干道道路两旁，新建并投入使用公共停车位 3200 余个，未按照《城市停车规划规范》的有关规定配置无障碍机动

① 参见中华人民共和国最高人民检察院网站，https://www.spp.gov.cn/xwfbh/wsfbh/202105/t20210514_518136.shtml，2023 年 6 月 28 日访问。

车停车位，不符合残疾人专用停车泊位数应不少于停车泊位总数2%的国家标准。因未设置无障碍停车位、停车扫码付费缺乏残疾人减免通道，给残障人士出行造成不便，也带来相关安全隐患。

检察院认为，通过调查，查明如下事实：一是市政公共停车场3200余个停车位设置于中心城区主干道两边，占用的是公共道路资源；二是市内共有持证残疾人2.9万多名，肢残人1.2万多名，对无障碍停车位需求较大。上述问题已造成残障人士车辆停放于普通车位共计665车次，且存在未扫码付费被贴单锁车现象。2021年4月，因本案涉及部门多，协调难度大，市检察院主动召集住建、公安、交通等相关部门及残联代表、人大代表、政协委员、专家学者、中心城区市民代表、人民监督员召开圆桌会议，共同研究市政公共停车位无障碍停车整改方案，并取得共识。会后，市检察院向住建、公安等部门发出诉前检察建议书，督促其依据各自职责，对市政公共停车场无障碍停车位配置进行系统整改。收到检察建议后，相关职能部门成立了专项整改小组，由住建部门牵头公安、财政、残联等部门，对无障碍停车位进行规划整改。在足额配备无障碍专用停车位的基础上，适当增加特殊教育学校、社保中心、医院等场所的配置比例；选择进出方便且平整的停车位作为无障碍停车位，并设置醒目标识牌、指示牌；为每个无障碍停车位都配置了1.2米宽的无障碍通道，方便残疾人上下车；升级停车扫码收费系统，开通残疾人信息录入通道和无障碍停车位智慧指引功能；加强维护并加大对随意占用无障碍停车位行为的处罚力度。

综上所述，城市无障碍设施的规范建设，应当作为保障残疾人等特殊群体平等参与社会生活以及满足公众应急需求的标准配置。检察机关开展无障碍环境建设公益诉讼，除了发现并督促协同行政机关整改纠正现存的违法违规问题，还应变事后监督为事前服务，注重从规划设计源头防范不合格的无障碍设施造成资源浪费、影响使用功能，并推动建立无障碍设施维护和管理的全流程监督机制，打好跟进监督的持久战，切实加强残疾人、老年人等特殊群体权益保护。

相关案例索引

1. **区人民检察院督促规范无障碍停车位建设行政公益诉讼案**（辽宁省人民检察院、省残联联合发布5起无障碍环境建设检察公益诉讼典型案例之一）①

裁判摘要：针对风景旅游区停车场中供残疾人群体使用的无障碍停车位设置少、标识不明显、标识设置不规范的问题，检察机关通过制发行政诉前检察建议，推动行政机关在原有无障碍停车位的基础上，采用“就近便利”原则增设无障碍停车位，同时加设显著标识，切实维护了残疾人出行游览的安全便利。

2. **县人民检察院督促设置无障碍停车位行政公益诉讼案**（辽宁省人民检察院、省残联联合发布5起无障碍环境建设检察公益诉讼典型案例之五）②

本案要点：针对火车站广场附近公共停车场未设置无障碍停车位，致使残障人士、老年人等特殊群体出行困难的问题，检察机关加强与残疾人联合会的协作配合，厘清各部门责任，向行政机关发出行政诉前检察建议，全程跟进监督，推动多部门齐抓共管。同时以点带面，同步推动解决火车站以及长途客运站无障碍停车位建设问题，推动了市域无障碍设施“从无到有”的建设。

相关规定

《残疾人保障法》第55条；《无障碍环境建设条例》第15、32条

---

① 载“辽宁政法”微信公众号，https：//mp. weixin. qq. com/s/8nUIC5SuSFULrnx3UoV_vA，2023年6月28日访问。

② 载“辽宁政法”微信公众号，https：//mp. weixin. qq. com/s/8nUIC5SuSFULrnx3UoV_vA，2023年6月28日访问。

第二十五条　【公共交通运输工具无障碍改造】 新投入运营的民用航空器、客运列车、客运船舶、公共汽电车、城市轨道交通车辆等公共交通运输工具，应当确保一定比例符合无障碍标准。

既有公共交通运输工具具备改造条件的，应当进行无障碍改造，逐步符合无障碍标准的要求；不具备改造条件的，公共交通运输工具的运营单位应当采取必要的替代性措施。

县级以上地方人民政府根据当地情况，逐步建立城市无障碍公交导乘系统，规划配置适量的无障碍出租汽车。

案例 14

维护公共交通领域残疾人权益（最高检发布10件无障碍环境建设公益诉讼典型案例之二）①

近年来，省残联多次接到举报反映，称残疾人长期无法享受免费乘坐公交车的优惠政策。自2012年以来，省残联、市残联等单位多次与公交集团对接沟通落实残疾人免费乘坐市内公交车事宜，因受多种因素制约和影响，该优惠政策长期未能落地见效。省残联、市残联、公交集团等部门每年因此接到大量残疾人投诉，成为长期以来亟待解决而未能解决的“老大难”问题，不仅侵害了残疾人等特殊群体权益，也损害了社会公共利益。

检察院认为，根据《青海省残疾人保障条例》第40条第2款、《青海省扶助残疾人规定》第44条和《西宁市人民政府关于加快推进残疾人小康进程的实施意见》等规定，省内残疾人享有免费乘坐城市公共交通工具的优惠权益，但因公交集团相关配套技术措施尚未落实到位，暂未执行该项政策。同时在对市内公交车和公交车站的无障碍设施的维

① 参见中华人民共和国最高人民检察院网站，https：//www. spp. gov. cn/xwfbh/wsfbh/202105/t20210514_ 518136. shtml，2023年6月28日访问。

护、使用情况进行摸底和排查中发现，一些无障碍设施不符合工程建设标准，需进行升级和改造。检察人员又走访省发改委、公交集团等单位，多次组织召开落实残疾人免费乘坐公交车优惠政策工作磋商会，认真听取公交集团在落实这项政策过程中存在的困难和问题，共同研究并多次调整实施方案，结合实际制定残疾人免费乘坐公交车“爱心卡”办理和使用办法；走访省财政厅等单位，就给予公交集团适当补贴等事宜进行衔接沟通，就残疾人免费乘坐公交车相关事宜达成共识。

综上所述，检察院牵头直接办理公益受损面大、社会反映强烈、长期得不到解决、相关部门存在职能交叉的残疾人群体权益保障新领域公益诉讼案件，通过召开磋商会议，充分发挥牵引、协同、沟通、协调作用，督促相关行政机关、社会组织消除分歧、增进共识、达成一致，共同制定落实方案。同时，积极探索“检察机关—政府部门—社会组织—国有企业”良性互动的新型协作机制，协调、督促政府部门和社会组织积极履行扶残助残责任，积极争取财政补贴资金，降低企业运营成本，服务和保障国有企业健康发展，从更高层面、更广范围、更深层次促进相关社会治理，取得双赢多赢共赢的办案效果。

案例 15

健全铁路旅客车站无障碍设施（最高检发布 10 件无障碍环境建设公益诉讼典型案例之九）①

2021 年初，铁路分院调查发现省内大部分铁路旅客车站均未设置无障碍停车位或无障碍停车位设置不够，未设置无障碍标识或标识不清，无障碍通道不畅受阻，个别车站存在无障碍停车位对残疾人收费、站台内部未设置无障碍站台等问题，影响残疾人、老年人等特殊群体出行便

① 参见中华人民共和国最高人民检察院网站，https：//www. spp. gov. cn/xwfbh/wsfbh/202105/t20210514_ 518136. shtml，2023 年 6 月 28 日访问。

利，存在一定的安全隐患，损害了社会公共利益。

检察院认为，依据相关领域的法律法规及行业标准，找准责任主体，消除铁路企业与地方行政机关在火车站无障碍环境建设领域的监督管理盲区，确保监督对象适格、法律依据准确、建议内容合理。截至2021年4月，两级铁路检察机关共针对11个县市区的火车站无障碍设施不健全问题立案11件，并制发诉前检察建议，督促主管建设等行政机关依法履行监管职责，落实无障碍环境建设法律规定和强制标准，及时监督、整改、消除影响特殊群体出行的安全隐患。行政机关收到检察建议后，第一时间与检察机关对接整改。

综上所述，铁路检察机关以改善铁路旅客车站的无障碍环境作为服务残疾人、老年人等特殊群体的切入点和着力点，充分发挥铁路检察机关在铁路与地方之间的桥梁纽带作用，积极争取残联等各方面的支持，通过诉前检察建议、圆桌会议等方式，以监督办案推动长效协作机制建设，合力消除火车站无障碍环境建设的监管盲区，努力让火车站成为社会文明窗口，以中国铁路的高质量发展更好地保障特殊群体的高品质生活。

案例16

整治影响特殊群体出行的问题（江西省人民检察院发布8起无障碍环境建设公益诉讼专项监督典型案例之一）①

【要旨】

区检察院在履行公益诉讼检察职责中发现，辖区内部分城市道路存在行进盲道不连续、人行横道处未设置缘石坡道、盲道人行横道坡口与车行道地面距离过高等问题；部分学校及游泳馆存在楼梯无障碍通道未设置无障碍标志、未设置无障碍卫生间或无障碍卫生间设计不规范、未

---

① 参见江西省人民检察院网站，http：//www.jx.jcy.gov.cn/jchd/dxal/202306/t20230601_4160901.shtml，2023年6月28日访问。

设置无障碍机动车停车位等问题，影响了特殊群体安全、便利出行及公平享受教体资源，损害社会公共利益。

检察院认为，通过实地走访、现场勘验等方式查明后，依法制发诉前检察建议，督促依法全面履行监管职责，及时整改违法情形，启动专项整治，逐步有序推进辖区无障碍设施的建设、改造、维护工作，加大宣传力度，建立长效机制。相关行政职能部门高度重视，联动部署，协同落实属地监管职责。针对城市道路无障碍设施存在的问题，派出市政应急抢修作业单位根据无障碍设计规范并对照问题台账逐一进行整改；同步下发开展中心城区无障碍设施管理情况专项排查整改工作通知，对辖区城市道路无障碍设施问题即时整改到位。针对教育、体育系统无障碍设施建设存在的问题，相关行政职能部门对各体育场所及中小学校无障碍设施设置情况进行排查，督促指导各场所针对排查出的问题加快实施无障碍设施建设。

综上所述，实现无障碍出行，是保障残疾人、孕妇、老年人等特殊群体平等参与社会生活的重要条件。检察机关着眼残疾人出行权益保障，通过制发诉前检察建议，督促协同相关行政机关依法全面履职，深入开展无障碍环境专项整治；通过“检察建议+调研报告”积极建言献策，从更广范围、更深层次推进无障碍环境系统治理，提升辖区无障碍出行综合环境，切实维护残疾人等特殊群体合法权益。

案例 17

督促履行无障碍出行环境建设职责（江西省人民检察院发布8起无障碍环境建设公益诉讼专项监督典型案例之三）①

某区是市内的中心城区、老城区，人口密度大，残疾人、老年人等特殊人群多。该区部分无障碍设施存在设计不合理、施工不达标、设施

---

① 参见江西省人民检察院网站，http：//www.jx.jcy.gov.cn/jchd/dxal/202306/t20230601_4160901.shtml，2023年6月28日访问。

被占用、缺乏日常维护等问题，导致无障碍设施的功能作用发挥不充分，残疾人等特殊群体无障碍出行权利未能得到充分保障。

检察院认为，通过调查，发现部分人行道未设置缘石坡道，或缘石坡道宽度不达标，盲道被占用，公园无障碍出入口设置不符合规范，轮椅坡道存在安全隐患等问题。经系统梳理，形成一份翔实的残疾人无障碍出行体验报告，为进一步开展公益诉讼工作做好充足准备。因无障碍环境建设、监督管理涉及市、区两级多家职能部门职责，区检察院探索“专题汇报+圆桌会议+公开听证+宣告送达”的“四位一体”模式，推动办案难题解决。区检察院采取宣告送达的方式向相关职能部门发出检察建议，建议依法履行职责，全面整治辖区内无障碍设施建设中存在的问题。相关职能部门高度重视，加强无障碍设施批后管理、规划核实、施工验收等工作，共投入资金90万元对部分路段道路无障碍设施及辖区公共厕所开展专项改造，累计改造无障碍设施220处，对74座公厕安装无障碍设施，改造公园公厕轮椅坡道1处；开展非机动车乱停乱放集中整治；对占用盲道经营行为的商家下达《责令限期整改通知书》13份；增设公园景点无障碍通道标识7处、改造第三卫生间1间；推动景区无障碍设施改造纳入4A景区提升改造计划。

综上所述，一座城市尤其是旅游城市对无障碍环境建设和细节的关注，体现着这座城市的文明程度。无障碍设施的规范建设，不仅仅是残疾人群体的“专利”，更应该是全社会共享的“普惠”。检察机关争取党委、政府支持，充分厘清各职能部门责任，调动其协同履职的积极性、主动性。通过与残联深度合作，全程引入残障人士沉浸体验，持续现场监督评估，提升了无障碍设施的规范化、精细化、常态化管理水平，实现城区无障碍设施建设从“有没有”到“好不好”的转变，推进城区无障碍环境建设系统性、体系化提升，充分体现检察公益诉讼在城市治理中的独特价值。

案例 18

整治公共服务场所无障碍环境建设不到位问题（江西省人民检察院发布8起无障碍环境建设公益诉讼专项监督典型案例之六）①

区检察院发现，辖区内部分主干道存在盲道道路破损或被占用、设计不规范、长期失修等问题，政务服务中心、公共卫生间等公共服务场所无障碍设施未按国家标准配置，侵犯了残疾人、老年人等特殊群体的正常生活出行，相关职能部分未能依法履职，存在监督管理缺位的情况，损害了社会公共利益。

检察院认为，本辖区内无障碍环境建设存在以下不完善的问题：部分主干道上盲道未按规范设计、建设和维护。有的盲道被高压变电箱、消防栓、绿植、电动车、机动车等违规占用，破损的盲道长期失修，且未设置盲道转弯和提示地标，道路衔接部分路况破损等；部分公共卫生间未修建无障碍通道，未设置无障碍厕位和洗手盆，未设置紧急呼叫设施。区检察院通过宣告送达形式发出诉前检察建议，督促依法履行监管职责，严格按照规范要求设计、建设和维护，完善无障碍建设设施、设备，加强无障碍环境建设宣传。相关职能部门积极落实整改，完善无障碍环境建设设施。经过整改，全区在公共卫生间修建无障碍通道20余处、无障碍厕位40余个、低位洗手盆20余个，设置紧急呼叫设施40余处；在服务窗口完善低位服务设施或者提供志愿者服务岗位、助听器材；推进全区破损盲道维修200余处，重新划定非机动车停车点位100余处，增加清晰醒目的标识100余处。建立健全联合监督长效化和常态化机制，对无障碍设施的建设、维护和使用情况进行监督检查，做好日常管理维护。

综上所述，无障碍环境建设是保障残疾人、老年人等特殊群体合法

① 参见江西省人民检察院网站，http：//www.jx.jcy.gov.cn/jchd/dxal/202306/t20230601_4160901.shtml，2023年6月28日访问。

权益的重要途径，检察机关落实精准监督理念，与残联加强协作配合，从特殊群体的视角发现问题，通过圆桌会议、诉前检察建议等方式，督促协同行政机关推进无障碍环境建设整改工作，健全常态化监督机制。同时持续跟进监督，通过特殊群体的切身体验来评估整改效果，助力提升无障碍设施的规范化、精细化、常态化管理水平。

案例 19

维护公共交通领域残疾人权益保障（内蒙古检察机关发布 4 起无障碍环境建设公益诉讼典型案例之一）①

自治旗政协第十四届五次全委会议上，部分政协委员提交《关于持证残疾人免费乘坐公交车的提案》，提案指出省内 103 个旗县区均已不同程度实现残疾人免费乘坐公交车，但自治旗尚未实现残疾人免费乘坐公交车。提案引起社会重视，自治旗残疾人联合会多次与某公交客运公司沟通落实残疾人免费乘坐公交车政策，但因公交公司运营压力大，现有人员、车辆及无障碍设施配置缺乏等因素制约，这项惠及残疾人权益的政策未能有效实施，侵害了残疾人群体权益，损害了社会公共利益。

检察院认为，根据《残疾人保障法》第 50 条、《内蒙古自治区实施〈中华人民共和国残疾人保障法〉办法》第 39 条规定，残疾人凭残疾人证，享受免费乘坐市内公共汽车的优惠政策，自治旗政府应当积极保障持证残疾人合法权益。自治旗政府怠于履职，导致自治旗持证残疾人免费乘坐公共交通的权益并未得到保障。市检察院向自治旗政府发出行政公益诉讼诉前检察建议，建议其积极履行残疾人工作领导机构职能职责，加强残疾人社会保障和服务体系建设，采取措施保障持证残疾人享有免费乘坐公交车的权益。检察建议发出后，市两级检察机关组织自治

① 参见“内蒙古检察”微信公众号，https：//mp.weixin.qq.com/s/fnlU5wSKLidA_ _JPi5bpyQ，2023 年 6 月 28 日访问。

旗政府、残疾人联合会、某公交公司，两次召开联席会议，制定《残疾人持第三代残疾人证免费乘坐公交车的初步方案》，将持证残疾人名单备案公交公司，政府对公交公司给予部分补贴，自治旗户籍残疾人可持第三代残疾人证免费乘坐公交车。2021 年 7 月 16 日，自治旗政府书面回复了整改成效。

综上所述，检察机关聚焦与残疾人生活密切相关的出行权益保障难题，充分发挥一体化办案机制优势，上下联动，通过走访残联调查核实情况、向提案政协委员征求意见，向地方政府提出检察建议，牵头组织地方政府、残联及企业召开联席会议，研判分析症结、消除分歧并达成共治，研究制定整改方案，推动落实持证残疾人免费乘坐公交车政策，为服务保障全市工作大局、创建残疾人友好城市贡献检察智慧。

● *相关规定*

《残疾人保障法》第 55 条；《交通运输部、住房城乡建设部、国家铁路局、中国民用航空局、国家邮政局、中国残疾人联合会、全国老龄工作委员会办公室关于进一步加强和改善老年人残疾人出行服务的实施意见》

第二十六条　【所有权人或管理人职责】无障碍设施所有权人或者管理人应当对无障碍设施履行以下维护和管理责任，保障无障碍设施功能正常和使用安全：

（一）对损坏的无障碍设施和标识进行维修或者替换；

（二）对需改造的无障碍设施进行改造；

（三）纠正占用无障碍设施的行为；

（四）进行其他必要的维护和保养。

所有权人、管理人和使用人之间有约定的，由约定的责任人负责维护和管理。

案例 20

整治道路无障碍设施破损致残疾人死亡的问题（最高检发布 10 件无障碍环境建设公益诉讼典型案例之五）①

2021 年 1 月，知名残疾公益人士陈某某乘坐电动轮椅车经过某路口时，因人行道无障碍设施破损从轮椅摔落，经抢救无效死亡。经调查，辖区内存在多处无障碍设施破损和不符合建设标准的问题，给残障人士造成生活不便及安全隐患，严重损害社会公共利益。

检察院认为，为彻底消除隐患，区检察院以个案为契机，于 2021 年 1 月中旬在全区部署开展专项监督行动，向区交通局、区住房和建设局等 14 家相关职能部门制发诉前检察建议，督促各职能部门依法对辖区内的无障碍设施进行排查、整改，行政单位收到检察建议后，均积极配合、迅速整改。在检察机关的推动下，2021 年 1 月 19 日，区委、区政府组织 22 个相关行政单位召开“区人行道无障碍畅通专项工作联席会议”，出台《区道路无障碍畅通专项行动工作方案（2021 - 2022 年）》等一系列规定，计划至 2022 年底完成全区无障碍立体化改造工作，全方位改善提升区内无障碍环境建设水平。方案实施以来，全区已完成新增改设盲道中断、阻断等问题 122 处，完善盲道 592 米，改造人行道坡口 147 处；对全区 175 个在建工程开展无障碍设施专项整治行动，对 43 个需建设无障碍设施的在建房屋建筑和市政基础设施工程项目开展专项检查；处罚违规占用盲道等 7255 件。

综上所述，检察机关发挥一体化办案优势，提升监督水平，通过个案办理推动系统综合治理，最大限度地争取当地党委、政府的支持，充分调动各职能部门协同履职的积极性、主动性，填补监管漏洞，激活配套机制，顺畅衔接机制，实现无障碍立体化改造。

---

① 参见中华人民共和国最高人民检察院网站，https：//www. spp. gov. cn/xwfbh/wsfbh/202105/t20210514_ 518136. shtml，2023 年 6 月 28 日访问。

● ***相关规定***

《无障碍环境建设法》第65条；《老年人权益保障法》第64条；《残疾人保障法》第53条；《无障碍环境建设条例》第17、33条，《建筑与市政工程无障碍通用规范》5

第二十七条　【临时无障碍设施】因特殊情况设置的临时无障碍设施，应当符合无障碍设施工程建设标准。

● ***相关规定***

《无障碍环境建设法》第65条

第二十八条　【不得擅自改变用途或者非法占用、损坏无障碍设施】任何单位和个人不得擅自改变无障碍设施的用途或者非法占用、损坏无障碍设施。

因特殊情况临时占用无障碍设施的，应当公告并设置护栏、警示标志或者信号设施，同时采取必要的替代性措施。临时占用期满，应当及时恢复原状。

案例21

聚焦残障人士、老年人等特殊群体出行、就医等问题（江西省人民检察院发布8起无障碍环境建设公益诉讼专项监督典型案例之五）①

辖区内存在部分人行道盲道被阻断、占用及不符合建设标准，部分大中型商场服务台、医疗机构等未设置低位服务设施、无障碍停车位设置不符合规范等问题，给残障人士、老年人生活出行带来不便，且存在

① 参见江西省人民检察院网站，http：//www.jx.jcy.gov.cn/jchd/dxal/202306/t20230601_4160901.shtml，2023年6月28日访问。

一定安全隐患，损害特殊群体的合法权益和社会公共利益。

检察院认为，依法向相关单位制发诉前检察建议，督促全面履行监管职责，严格按照有关要求，对人行道盲道、大中型商场和医疗机构无障碍环境建设存在的问题进行改造。同时，该院将检查发现的问题及检察建议内容及时通报区残疾人联合会，建议其为行政机关整改提供行业支持和专业指导，确保无障碍设施达标、实用和便利。有关行政机关积极履职，组织整改落实。经过治理，修复盲道等无障碍设施缺陷22处，排查并整治占用盲道的井盖设施8处、规范设置无障碍停车位14个。对全区各镇街商场超市开展了无障碍坡化处理设施、低位服务设施、电梯、厕所、停车位等十项重点内容的无障碍设施建设改造。督促案涉医疗机构在药剂科、收费处等处，按照标准开设了无障碍核价取药、挂号收费专用窗口，已正常投入使用。

综上所述，创造无障碍环境是保障残障人士、老年人等特殊群体安全出行、平等参与社会生活的重要条件。检察机关积极回应特殊群体关切，在深入实践、仔细调查研究的基础上，强化与相关部门协作配合，主动联合残联，借力其专业优势，提升精准监督水平，督促各行政机关依法履职尽责，积极整改案涉问题，凝聚监督保护合力。同时，以个案问题推动各行业开展治理，全面促进当地出行、就医、生活等公共场所无障碍服务环境建设水平提升。

案例22

盲道不“盲管”，公益诉讼促“都管”（江苏省检察院、省住建厅、省残联联合发布9起无障碍环境建设检察公益诉讼典型案例之二）①

县检察院调查发现，该县县城多处盲道存在被损坏、阻断及占用等

---

① 参见“江苏检察在线”微信公众号，https：//mp. weixin. qq. com/s/sqE57G2_2QLdjIWv5mtKPg，2023年6月28日访问。

问题，给视障人士出行造成不便及安全隐患，损害社会公共利益。

检察院认为，截至2020年底，全县共有视障人士4239人；县城区域盲道被损坏22处，被其他市政建设阻断15处，被车辆违规停放占用784处，被沿街商户占道经营52处。经调阅相关文件，盲道的建设维护由县住建局负责，沿途车辆停放的监管由交警大队负责，沿途商户占道经营的监管由县城管局负责。实践中，盲道的“建、管、护”存在职能交叉、监管不到位等问题。2021年2月26日，检察机关召开道路无障碍设施行政公益诉讼听证会，邀请相关行政机关负责人、人大代表、政协委员及残联负责人参加。检察机关出示了盲道被损坏、阻断及占用的照片和视频，协助梳理了行政机关“建、管、护”的职责分工。各行政机关依职能认领盲道被损坏、阻断、占用的问题。会后，检察机关依法制发检察建议，督促县住建局、交警大队、县城管局开展专项行动，有效整治盲道被损坏、阻断、占用等问题。收到检察建议后，各行政机关均召开专题会议进行部署。交警大队牵头，在全县开展道路交通安全整治“百日攻坚”，整治车辆违规占用盲道问题；县城管局牵头，发布公告，整治商户违规占用盲道问题；县住建局牵头，新建盲道890余米，修缮盲道210余米，拆除盲道阻碍物220余处。

综上所述，无障碍设施的合理布局、有效维护和充分使用，已成为社会文明进步的重要体现。检察机关聚焦盲道被损坏、阻断、占用等损害社会公共利益的问题，通过公开听证明确职能职责，制发建议督促履职，推动开展专项整治，促盲道“盲管”为“都管”，保障了视障人士“脚底下”的安全。

案例23

整治盲道破损影响残疾人出行问题（内蒙古检察机关发布4起无障碍环境建设公益诉讼典型案例之二）①

2021年4月，市检察院在履行公益诉讼监督职责中发现，本辖区内的部分商业区、学校和居民住宅区等人流密集地段存在盲道路砖破损或缺失、设计不规范、长期失修等问题，导致出现盲道“断头路”“交错路”“障碍路”的现象，大部分盲道频频被商贩商摊、机动车、共享单车非法占用，侵犯了残疾人、老年人等特殊群体出行安全，相关职能部门未能依法履职，存在监督管理缺位现象，损害了社会公共利益。

检察院认为，根据《无障碍环境建设条例》第5条、第9条、第31条，《内蒙古自治区无障碍环境建设办法》第6条第2款、第11条、第14条、第33条第2款，《乌海市城市综合管理条例》第2条、第10条、第21条，《乌海市城市市容和环境卫生违法行为处罚规定》第4条、第19条、第20条的规定，市住房和城乡建设局对本辖区内盲道铺设等无障碍设施建设情况负有监管职责，市城市管理综合执法局对本辖区内的盲道阻断、占用等负有监管职责。2021年4月28日，市检察院向市住建局、城管局发出行政公益诉讼诉前检察建议，督促其依法全面履行监管职责，及时整改违法情形，启动专项整治，加大宣传力度，建立长效机制。相关职能部门收到检察建议后高度重视，住建部门立即召开了局长办公会，组织两级住建局、市政设施管理所等相关单位专题研讨，落实属地监管职责，全面排查新建、改造城市市政道路35条27.102公里、盲道273.07公里，制订整改计划，逐项整改落实。城管部门制定《关于开展占压盲道专项整治工作的实施方案》，开展为期8个月的集中专项整治，强化网格化执法，组织开展“讲文明、守规矩、规范停车从我做起”等宣传活动。

---

① 参见“内蒙古检察”微信公众号，https://mp.weixin.qq.com/s/fnlU5wSKLidA__JPi5bpyQ，2023年6月28日访问。

综上所述，盲道设施建设是维护残疾人等特殊群体出行便利的基本保障，检察机关通过广泛开展调研、听取视障残疾人意见建议、走访有关部门调查核实，针对盲道建设与管理不规范问题，向相关部门制发诉前检察建议，督促其依法履行职责。通过召开圆桌会议，推动开展专项整改行动，建立盲道保护长效机制，系统治理“断头路”“交错路”“障碍路”难题，切实保障残疾人等特殊群体合法权益。

案例 24

整治影响残疾人出行问题（苏州市检察院联合市住建局、市残联发布 4 件无障碍环境建设检察公益诉讼典型案例之二）①

2021 年 9 月，区检察院在开展无障碍设施保护专项行动过程中，对全区无障碍设施使用、管理情况进行了调查，发现以下影响残疾人出行问题：一是无障碍设施建设不规范，汽车站、地铁站等公共场所缺少缘石坡道、无障碍通道等设施；二是非残疾人专用机动车占用无障碍停车位；三是非机动车违规占用盲道停放。上述问题对残疾人出行造成不便，未保障众多残障人士的合法权益，侵害社会公共利益。

检察院认为，针对调查发现的问题，结合具体情况、行政职能，区检察院向住建部门、公安机关、城管部门发出行政公益诉讼诉前检察建议，推进相关问题的整改。收到检察建议后，住建部门立即召集各乡镇、街道无障碍建设主管部门，开展无障碍设施管理养护问题排查工作，并进行限期整改。经全面排查，住建部门通过增设无障碍设施、拆除占用盲道物件、盲道改道等方式，共对 78 处无障碍设施建设、管理不规范问题进行了整改。交警大队对涉及占用无障碍停车位情况进行了排查，并进行相应整改。10 月，交警大队共查获占用无障碍停车位案件

---

① 参见“苏州检察发布”微信公众号，https：//mp. weixin. qq. com/s/SuKY4fVvwQ3pAAKp0eASrQ，2023 年 6 月 28 日访问。

16起，均依法责令驶离。城管部门在全区范围内开展市容秩序专项督查，发现54处非机动车违规占用盲道停放问题，均已整改到位。

综上所述，无障碍环境建设关乎每位社会成员的基本权益和幸福指数，是一项涉及民生的重大工程。针对无障碍设施建设不规范、老旧、破损、社会大众无障碍自觉意识不高等问题，检察院立足公益诉讼检察职能，切实推进无障碍环境建设工作转化为实际效能，守护残疾人和社会弱势群体的合法权益。

● *相关案例索引*

市人民检察院督促规范无障碍设施行政公益诉讼案（辽宁省人民检察院、省残联联合发布5起无障碍环境建设检察公益诉讼典型案例之二）①

本案要点：针对公交车站牌占用盲道问题，牵头召开由住建、交管和残联部门共同参与的圆桌会议，围绕盲道的建设维护、公交站牌的建造、排除妨碍的责任主体等方面厘清各单位职责的同时，检察机关通过制发行政诉前检察建议的形式，督促城建部门及交管部门形成合力。邀请市无障碍建设促进会会长等无障碍环境研究专家参与评估行政机关整改工作效果，探索借助"外脑"进行专业论证，切实保障残疾人出行权益。

● *相关规定*

《无障碍环境建设法》第65条

---

① 载"辽宁政法"微信公众号，https：//mp. weixin. qq. com/s/8nUIC5SuSFULrnx3UoV_vA，2023年6月28日访问。

第三章　无障碍信息交流

第二十九条　【无障碍获取公共信息】各级人民政府及其有关部门应当为残疾人、老年人获取公共信息提供便利；发布涉及自然灾害、事故灾难、公共卫生事件、社会安全事件等突发事件信息时，条件具备的同步采取语音、大字、盲文、手语等无障碍信息交流方式。

案例25

整治信息无障碍环境建设（江西省人民检察院发布8起无障碍环境建设公益诉讼专项监督典型案例之八）①

市检察院发现，辖区内部分商业综合体无障碍设施引导标识功能欠缺、配置不合理，市电视台未开设手语节目，图书馆未设置盲人阅览区、未配置相关设备，部分盲人通行较为集中的人行横道未设置智慧路灯、声响提示装置等情形。

检察院认为，因本案涉及部门多，市检察院邀请市政协、残联等部门召开圆桌会议，共商无障碍环境建设事宜，形成初步共识。向相关职能部门发出诉前检察建议，督促依法履职、齐抓共管，系统推进信息无障碍环境科学规划、改造提升、施工建设、监督维护，协力提升市域信息无障碍建设水平。相关职能部门积极落实整改。对全市大型商场无障碍设施引导标识、电梯盲文按钮、声响语音提示设备、无障碍卫生间和无障碍停车位建设下达指标化整改要求，增加无障碍设施引导标识500余个、电梯盲文按钮12个、声响语音提示设备6套、无障碍停车位29

① 参见江西省人民检察院网站，http：//www.jx.jcy.gov.cn/jchd/dxal/202306/t20230601_4160901.shtml，2023年6月28日访问。

个；市电视台培养手语翻译人员，制定手语新闻节目具体方案；市图书馆增设盲人阅读专区，配置盲文读物及读屏软件，并将信息无障碍纳入市图书馆发展整体规划；协调专项建设经费200余万元，在残疾人通行较为集中的路段安装30套智慧警示柱、4套职能信号灯和1套过街音响提示装置。

综上所述，信息无障碍是无障碍环境建设的重要组成部分，也是全面建设信息社会、促进社会公平正义的必然要求。检察机关着眼于特殊群体日常生活中的信息需求，在政协、残联的大力支持下，充分运用检察建议、圆桌会议、公开听证等方式督促相关职能部门齐抓共管、协同共治，推动重点公共场所信息无障碍建设，运用“协商评议+沉浸体验”的公益诉讼结案听证模式检验整改成效，运用司法救助传递检察温度，让“有爱”“无碍”，保障特殊群体平等享受社会生活权益，为文明城市、智慧城市建设提供优质法治产品。

● ***相关规定***

《残疾人保障法》第54、55条；《无障碍环境建设条例》第18、19条

第三十条　【同步字幕与手语节目】利用财政资金设立的电视台应当在播出电视节目时配备同步字幕，条件具备的每天至少播放一次配播手语的新闻节目，并逐步扩大配播手语的节目范围。

国家鼓励公开出版发行的影视类录像制品、网络视频节目加配字幕、手语或者口述音轨。

案例 26

督促开播市级手语电视栏目（江西省人民检察院发布 8 起无障碍环境建设公益诉讼专项监督典型案例之二）①

市检察院在开展无障碍环境建设专项监督活动中发现，本地市一级电视台尚未开办手语栏目，影响听力障碍者平等参与社会生活，损害社会公共利益。

检察院认为，市级电视台尚未开办手语栏目不符合《残疾人保障法》《江西省残疾人保障条例》关于省、设区的市电视台应当开办手语栏目的规定，进行行政公益诉讼立案。该院走访市残联，调取相关部门“三定”方案，邀请市残联、市文广新旅局、市广播电视台召开“圆桌会议”，明晰法定职责，反映特定群体信息无障碍需求，释明开办手语栏目的重要意义，形成尽快开办手语栏目的初步共识。为进一步细化举措，市检察院举行公开听证，该院检察长主持听证会，市人大代表、市政协委员、人民监督员作为听证员参与听证，市残联、市文广新旅局、市广播电视台应邀派员参会。听证会上，相关部门结合各自职责就市级电视台手语栏目开播发表意见建议，并就手语栏目内容、手语老师聘任、节目经费支出等具体问题充分沟通，明确于 2022 年全国助残日开播手语栏目，以此提升地方电视传媒信息无障碍环境，培育扶残助残良好社会风尚。听证会后，市检察院持续跟踪手语栏目开播工作进展情况，协调推动市残联与市广播电视台及时签订合作协议，按期完成手语栏目开播各项准备工作。2022 年 5 月 14 日，全市首档配播手语栏目在广播电视台正式播出。

综上所述，手语电视栏目既是广大听障人士无障碍沟通的重要渠道，更是城市文明、社会进步的重要标志，为听障人士及时获取优质资

---

① 参见江西省人民检察院网站，http：//www.jx.jcy.gov.cn/jchd/dxal/202306/t20230601_4160901.shtml，2023 年 6 月 28 日访问。

讯、平等参与社会生活、切身感受经济社会发展变化、共享改革发展文化成果开启了一扇“信息之窗”。检察机关综合运用检察长带头办案、圆桌会议、公开听证以及邀请人大代表、政协委员、人民监督员参与和监督案件办理等方式，汇聚各方合力高质量打造手语电视栏目，在“有声”和“无声”的世界架起一座沟通的桥梁。

● ***相关规定***

《无障碍环境建设条例》第21、25条

第三十一条　【无障碍格式版本】国家鼓励公开出版发行的图书、报刊配备有声、大字、盲文、电子等无障碍格式版本，方便残疾人、老年人阅读。

国家鼓励教材编写、出版单位根据不同教育阶段实际，编写、出版盲文版、低视力版教学用书，满足盲人和其他有视力障碍的学生的学习需求。

● ***相关规定***

《无障碍环境建设条例》第22条；《以无障碍方式向阅读障碍者提供作品暂行规定》

第三十二条　【无障碍网站】利用财政资金建立的互联网网站、服务平台、移动互联网应用程序，应当逐步符合无障碍网站设计标准和国家信息无障碍标准。

国家鼓励新闻资讯、社交通讯、生活购物、医疗健康、金融服务、学习教育、交通出行等领域的互联网网站、移动互联网应用程序，逐步符合无障碍网站设计标准和国家信息无障碍标准。

国家鼓励地图导航定位产品逐步完善无障碍设施的标识和无障碍出行路线导航功能。

案例 27

科技赋能，助力城市无障碍出行（江苏省检察院、省住建厅、省残联联合发布 9 起无障碍环境建设检察公益诉讼典型案例之三）①

2021 年 3 月，区政协委员在提案中指出，辖区一地铁站无障碍通道受阻导致轮椅无法出行，无障碍设施亟须完善。区检察院将该提案事项作为公益诉讼线索进行研判，至现场进行调查核实，同时对辖区部分商圈、地铁换乘站点、旅游景区等进行实地踏勘，梳理出盲道被占用、无障碍车位被占用等残障人士出行多处“痛点”。

检察机关认为，针对上述问题立案调查，并与相关行政机关开展磋商，明确整改区域，协同市区两级残联开展走访调研工作，了解残障人士出行需求。2021 年 4 月 22 日，检察机关向有关行政机关制发行政公益诉讼诉前检察建议，推进了全区 96 处破损盲道维修，重新划定非机动车停车点位 24 处，增设 500 余米非机动车阻车设施，推动提升包括大运河景区在内的无障碍环境。2021 年 9 月 3 日，检察机关开展“沉浸体验+协商评议”案件公开听证，邀请市区两级残联、区政协、残障人士代表作为“无障碍体验员”，随机抽取部分现场，查看验收整改效果。检察机关还与某科技公司对接，将整改成效嵌入该公司开发的 2021 年苏州市政府为民实事项目“无障碍地图 APP②”。同时，在 APP 页面增设“检察公益投诉”模块，方便残障人士按照无障地图 APP 出行时，精准发现“绊脚石”，及时投诉。截至 2021 年底，检察机关共发现线索 10 余条，立案 7 件。

综上所述，检察机关聚焦残障人士出行权益保障，通过磋商、圆桌会议、诉前检察建议等方式，督促行政机关履职。办案中注重与政协等

---

① 参见“江苏检察在线”微信公众号，https：//mp. weixin. qq. com/s/sqE57G2_2QLdjIWv5mtKPg，2023 年 6 月 28 日访问。

② 手机应用程序（application ，APP），以下不再标注。

监督力量形成合力，注重大数据赋能检察，运用大数据、智能化等手段提高线索发现能力，提升残障人士权益保障水平。

● ***相关规定***

《数据安全法》第15条；《无障碍环境建设条例》第23条；《互联网应用适老化和无障碍改造专项行动方案》；《工业和信息化部办公厅关于进一步抓好互联网应用适老化及无障碍改造专项行动实施工作的通知》；《民政部对"关于推进智能技术领域适老化改造的建议"的答复》；《中国残疾人联合会、国家互联网信息办公室关于加强网站无障碍服务能力建设的指导意见》

第三十三条　【音视频等语音、大字无障碍功能】音视频以及多媒体设备、移动智能终端设备、电信终端设备制造者提供的产品，应当逐步具备语音、大字等无障碍功能。

银行、医院、城市轨道交通车站、民用运输机场航站区、客运站、客运码头、大型景区等的自助公共服务终端设备，应当具备语音、大字、盲文等无障碍功能。

案例28

规范盲人提示音无障碍环境建设（江西省人民检察院发布8起无障碍环境建设公益诉讼专项监督典型案例之四）①

城区部分人行通道的人流量、车流量较大，附近有学校、居民区，是视障人士通行较为集中的城市主干道，但未设置提示音等通行安全保障设施，给视障人士造成出行安全隐患，损害社会公共利益。

检察院认为，因案涉路段分别分布于甲区、乙区，需统一协调，甲

① 参见江西省人民检察院网站，http：//www.jx.jcy.gov.cn/jchd/dxal/202306/t20230601_4160901.shtml，2023年6月28日访问。

区检察院与市检察院、乙区检察院联合召开公开听证会，邀请相关部门及省盲人协会代表、残联代表、人大代表、政协委员、人民监督员、“益心为公”志愿者参加会议。听证会上，检察机关通报案件办理情况，围绕道路分层级管辖和附属设备建设、日常维护等方面，明确行政机关监管职责，并提出适时关闭或降低音量、调整播报内容等优化盲人提示音的建议。各方达成了城市主干道增设提示音必要性的共识。甲区检察院与城管部门结合听证意见开展磋商，共同研究整改方案，明确案涉路段将结合智慧路口信息系统建设工程设置联动语音提示，以满足视障人士安全通行的需求。案涉路段的智慧路口信息建设工程已完成，语音提示已设置到位。

综上所述，城市无障碍设施的规范建设，是保障残疾人等特殊群体平等参与社会生活的标准配置。检察机关积极与残联加强协作，聚焦城市主干道无障碍设施建设不到位问题，通过广泛开展调研、听取视障残疾人意见建议、走访有关部门调查核实，运用公开听证、诉前磋商等方式，厘清行政机关监管职责，推动制定科学合理的整改方案，发挥行政机关与检察机关协同共治合力，切实保障残疾人等特殊群体权益，全面提升城市文明水平。

案例29

整治医院、银行等无障碍设施建设不规范问题（江西省人民检察院发布8起无障碍环境建设公益诉讼专项监督典型案例之七）①

2022年2月，市检察院联合市残联就无障碍环境建设开展联合调研，发现中心城区部分医疗机构、银行机构存在无障碍出入口设置不规范及无障碍厕所、无障碍电梯配套设施不全等情形。发现中心城区部分主干道存在缘石坡道、盲道设置不规范和被占用情况，部分公园无障碍

① 参见江西省人民检察院网站，http://www.jx.jcy.gov.cn/jchd/dxal/202306/t20230601_4160901.shtml，2023年6月28日访问。

设施存在不规范等情形，社会公共利益受到侵害。

检察院认为，经调查发现，中心城区存在的无障碍设施建设不健全，设施规划建设存在短板等问题，严重影响特殊群体的出行安全。市检察院立案后制发检察建议，督促相关单位在各自职责范围内对不符合法律法规的无障碍设施建设情况以及损毁、占用的行为分别进行查处、整改和完善，积极开展专项行动进行全面排查。检察建议发出后，市检察院邀请相关职能部门座谈磋商，进一步厘清各部门职责，共商问题解决方案；邀请市残联全程提供专业协助和指导，对整改效果进行跟进监督；积极与市政协委员对接，将检察建议转化为市政协提案，提出将无障碍设施建设与创文明城活动深度融合，以便形成建设无障碍环境设施的社会共识。在磋商的基础上，行政机关各司其职，重点针对城市中心范围内公共服务场所的无障碍设施建设设计是否达标、建后是否合格进行排查整治，对中心城区 25 家医院和 15 家银行机构排查的 45 个问题全部督促整改到位。清除城市主要道路上的盲道障碍物 80 处，完善盲道 90075 米，增设、完善无障碍停车位 19 个、无障碍卫生间 11 个、无障碍电梯 3 部、无障碍坡道 2420 个、无障碍设施引导标识 20 处、低位服务台 5 处。

综上所述，无障碍设施是一座城市文明程度和“温度”的体现。检察机关聚焦医疗机构、银行机构以及市政设施存在的无障碍设施建设不规范问题，邀请残障人士深度体验，以主角视角发现问题，为检察机关摸排提供思路和方法，找准监督重点，确保检察建议的精准性和实效性。通过座谈磋商，厘清部门职责，达成无障碍设施建设共识，形成问题解决办法，同时借助残联专业力量，邀请残联全程参与问题摸排、技术指导、跟进监督，最大化凝聚工作合力。检察机关主动服务城市创文建设大局，将诉前检察建议转化为政协提案，充分发挥政协力量促使无障碍设施建设与创文明城活动有机结合，实现源头治理。

案例30

消除信息障碍，跨越“数字鸿沟”（江苏省检察院、省住建厅、省残联联合发布9起无障碍环境建设检察公益诉讼典型案例之一）①

2021年12月30日，县检察院在全市无障碍环境建设座谈会上获悉，残障人士、老年人乘坐公共交通出行存在信息障碍问题，不能清晰准确地获取有效信息，影响了正常生活。检察机关进一步调查发现，在网络、通信、出行等日常生活多个方面，残障人士、老年人等特殊群体在接受信息服务方面存在不同程度的障碍。包括残障人士公共服务网站设计未达到无障碍标准，缺乏语音读屏播报、手语演示、字体图标缩放等辅助浏览功能；部分电信营业场所缺少专用服务台，智能移动设备缺少语音录入、文字语音转换、方言识别等功能；部分城乡公交车文字提示、语音报站等设备运行不正常。

检察院认为，信息障碍问题侵犯了特殊群体权益，损害了社会公共利益，遂依法立案。2022年4月12日，县检察院依法向3家行政机关制发行政公益诉讼诉前检察建议。行政机关高度重视，积极履职。4月19日，检察机关与行政机关、电信业务经营者召开座谈会，进行诉前磋商并完善整改方案。截至2022年4月底，残障人士公共服务网站已增加语音播报、字体图标缩放等无障碍辅助浏览功能，行政机关投入40余万元为视障人士配备阅读辅助工具；已建成3个特殊群体专用电信业务办理示范厅；完成250辆公交车语音设备检修，逐步淘汰不符合无障碍要求的车辆50余辆。

综上所述，信息无障碍是无障碍环境的重要组成部分，消除信息障碍对保障特殊群体权益具有重要意义。检察机关针对特殊群体生活中存在的信息障碍问题，综合运用多元办案方式，督促协同相关职能单位依法履职，推动线上线下同步治理，让特殊群体切身感受到“数字列车”

---

① 参见“江苏检察在线”微信公众号，https：//mp. weixin. qq. com/s/sqE57G2_2QLdjIWv5mtKPg，2023年6月28日访问。

带来的“快速感”和幸福感。

案例31

专家出智，优化车站无障碍出行（江苏省检察院、省住建厅、省残联联合发布9起无障碍环境建设检察公益诉讼典型案例之四）①

火车站坐落的区域交通发达、人员密集，残障人士、老年人等重点人群出行意愿强烈，建成十余年间为无数重点人群提供了无障碍出行服务。2021年4月初，铁路检察院在开展交通运输领域无障碍环境建设公益诉讼专项监督中，对火车站的无障碍环境进行了现场查勘，发现火车站虽然无障碍设施基本齐全，但存在无障碍服务设施使用不便，设置不规范等问题。

检察院认为，铁路检察院采取检校合作方式，邀请某大学无障碍环境建设专家团队，共同对火车站综合体研究制定检查方案。检察官、高校专家与铁路车站工作人员一起，围绕进站、购票、候车、乘车、转乘市内交通、停车等环节进行全链条检查，并现场与车站残障人士沟通，倾听实际体验和意见建议。在专家团队协助下，铁路检察院形成专项调查报告，指出了无障碍引导提示标识缺失、盲道衔接不畅、轮椅席位缺失、低位服务设施不符合规范等164项问题，提出整改建议25条。2021年9月7日，铁路检察院组织召开无障碍环境建设听证会。邀请省交通运输厅、省残疾人联合会、省铁路局、相关职能单位以及残障人士代表参加。9月9日，铁路检察院向责任单位送达检察建议，就火车站盲道设置、无障碍卫生间设置、无障碍楼梯和电梯设置、低位服务设施、无障碍标识等急需解决改进的问题进行了阐释并提出改进建议。检察建议送达后，铁路检察院、专家团队、车站方再次齐聚火车站，对无障碍设施整改现场进行指导。火车站坡道、无障碍座席等数量和比例达到标准要求；原低位服务设施

---

① 参见“江苏检察在线”微信公众号，https：//mp. weixin. qq. com/s/sqE57G2_2QLdjIWv5mtKPg，2023年6月28日访问。

增加了符合实际需求的容膝空间；无障碍卫生间地面使用防滑地砖，坐便器、洗手池成年人和儿童版分设，空间增大方便轮椅通行、回转；无障碍卫生间和普通卫生间增加立体显著的灯箱标识，远处即可分辨清楚；对健康码、无纸化车票等进行更新升级。

综上所述，火车站是人们出行的重要区域，因人员密集、与城市内部交通线路同联，对无障碍环境建设要求更高。无障碍环境建设涉及领域广，专业性较强，检察机关通过邀请无障碍环境建设领域专家参与办案，有利于提出专业、精准意见建议。通过邀请残障人士、行政机关等参加听证会，有利于形成共识，推动问题有效解决。

● *相关案例索引*

市人民检察院督促规范无障碍设施行政公益诉讼案（辽宁省人民检察院、省残联联合发布5起无障碍环境建设检察公益诉讼典型案例之三）①

本案要点：针对市客运站、大型商场、公共文化场所、城乡主要道路、公共卫生间等大型公共区域存在缺乏连续并清楚地设置能够指明无障碍卫生间位置和方向的指示标识，无障碍卫生间未张贴无障碍标识，无障碍卫生间被锁闭或长期堆积杂物；未设置无障碍进入坡道，无障碍轮椅坡道被阻断锁闭无法正常通行，无障碍轮椅坡道设置不符合轮椅坡道的最大高度和水平长度比例要求；公共卫生间入口和通道不方便乘轮椅者进入和进行回转；盲道破损不平整、不连续、被占用，距离树池过近等一系列问题，检察机关综合施策，推动行政机关对排查出的问题逐一进行整改，与市残疾人联合会，共同邀请残障志愿者进行现场验收，模拟出行无障碍设施体验，确保办案监督实效，体现了文明城市无障碍环境建设新水平。

---

① 载“辽宁政法”微信公众号，https：//mp. weixin. qq. com/s/8nUIC5SuSFULrnx3UoV_vA，2023年6月28日访问。

● ***相关规定***

《残疾人保障法》第54、55条；《无障碍环境建设条例》第21、26条；《建筑与市政工程无障碍通用规范》4

第三十四条　【无障碍电信服务】 电信业务经营者提供基础电信服务时，应当为残疾人、老年人提供必要的语音、大字信息服务或者人工服务。

● ***相关规定***

《无障碍环境建设法》第67条；《无障碍环境建设条例》第26条

第三十五条　【紧急呼救系统无障碍功能】 政务服务便民热线和报警求助、消防应急、交通事故、医疗急救等紧急呼叫系统，应当逐步具备语音、大字、盲文、一键呼叫等无障碍功能。

案例32

健全120急救调度系统文字报警功能（最高人民检察院、中国残疾人联合会联合发布10件残疾人权益保障检察公益诉讼典型案例之六）①

市医疗急救指挥中心是市域内负责医疗急救指挥调度的唯一机构，其使用的指挥调度系统仅具备普通来电、110联动、122联动等电话呼救功能，不具备文字信息报送和文字呼叫功能，无法满足听力障碍、言语障碍人士在紧急情况下的自主呼救需求，损害了社会公共利益。

检察院认为，查明市医疗急救指挥中心负责市域医疗急救指挥的统一调度工作，日常使用的急救调度系统仅具备普通来电、110联动、122

① 参见中华人民共和国最高人民检察院网站，https：//www. spp. gov. cn/spp/xwfbh/wsfbt/202205/t20220513_ 556792. shtml#2，2023年6月28日访问。

联动等电话呼救功能，不具备文字报警功能，违反了《无障碍环境建设条例》第24条、《浙江省实施〈无障碍环境建设条例〉办法》第17条第4款等规定。市卫健局作为辖区医疗服务行业监督管理部门，存在未依法履职情形，致使社会公共利益受到侵害。2021年1月27日，市检察院针对医疗急救系统增设文字信息报送和文字呼叫功能的必要性与完善路径问题，组织召开公开听证会，邀请社会组织代表，有关职能部门以及人大代表、政协委员、人民监督员、无障碍环境建设专家等参会，各方充分发表意见建议，一致认为，120急救调度系统文字报警功能的建设是保障听力障碍、言语障碍群体及其家属生命健康权益的重要举措，完善医疗急救文字报警系统建设确有必要。听证会结束后，市检察院向市卫健局送达诉前检察建议，建议其督促市医疗急救指挥中心尽快完善呼救系统相关功能，切实保护特定群体合法权益。2021年3月20日，市卫健局向检察机关作出书面回复，表示已积极联系调度系统设计研发公司完善软件开发，文字报警功能即将上线。同年4月1日，“互联急救”平台正式启动，市检察院邀请人大代表、医疗行业专家、特定群体代表等参与平台运行调试。经验收，“互联急救”已具备“一键呼救”的便捷操作功能，并能实时定位注册患者，有效提升调度救援效率，市民亦可通过发送文字内容至指定号码实现文字报警。

综上所述，医疗急救等紧急呼叫系统文字报警功能是听力障碍、言语障碍等特定群体的应急保障。检察机关运用“公开听证+检察建议+评估验收”等方式，督促协同有关职能部门推动医疗急救调度系统完善文字报警功能。立足个案开展类案监督，推动120急救调度系统实现文字报警功能全覆盖，取得“办理一案，治理一片”的社会实效。

● *相关规定*

《无障碍环境建设条例》第28条

第三十六条　【无障碍公共文化服务】提供公共文化服务的图书馆、博物馆、文化馆、科技馆等应当考虑残疾人、老年人的特点，积极创造条件，提供适合其需要的文献信息、无障碍设施设备和服务等。

条文释义

本条规定了“博物馆、文化馆、科技馆”等为残疾人、老年人提供无障碍设施设备和服务。本法参考了《公共图书馆法》的规定，与公共文化服务保障法相衔接，明确提供无障碍信息服务的主体范围。

案例33

检察公益诉讼关注残障人士阅读权（江苏省检察院、省住建厅、省残联联合发布9起无障碍环境建设检察公益诉讼典型案例之六）①

公共图书馆中设立视障阅览室等无障碍设施，是视障人士获取信息、知识的重要渠道，能够让视障残障人士参与到全民阅读活动中，保障其精神文化层面的需求。市检察机关开展信息无障碍专项监督，发现市级图书馆分馆未开设视力障碍阅览室。视障人士阅读权益得不到有效保障，社会公共利益受侵害。

检察院认为，国务院出台的《无障碍环境建设条例》第22条规定，设区的市级以上人民政府设立的公共图书馆应当开设视力残障人士阅览室，提供盲文读物、有声读物，其他图书馆应当逐步开设视力残障人士阅览室。《江苏省无障碍环境建设实施办法》第27条亦要求政府设立的公共图书馆应当按照规定开设视力障碍阅览室或者阅读专区。依据前述规定，2022年4月24日，检察机关向行政机关制发了检察建议，建议

① 参见“江苏检察在线”微信公众号，https：//mp. weixin. qq. com/s/sqE57G2_2QLdjIWv5mtKPg，2023年6月28日访问。

其督促市图书馆开设视力障碍阅览室或者阅读专区，切实保障视障人士的合法权益。行政机关高度重视，督促市图书馆主馆及分馆完善视障阅读设施，制定相关规章制度并向社会发布公告，保障视障阅览室开放时间。

综上所述，检察机关会同市残疾人联合会、市住房和建设局、通信行业管理办公室等单位，并邀请残障人士代表参加，对城公共阅览场所无障碍环境建设情况开展调研，并向残障人士征询、收集无障碍需求，形成调研报告，提出建议对策。检察机关将调研报告分别报送市委、市政府，助推相关行政机关强化履职完善信息无障碍建设。

● *相关规定*

《公共图书馆法》第34条

第三十七条　【无障碍格式版本标签、说明书】国务院有关部门应当完善药品标签、说明书的管理规范，要求药品生产经营者提供语音、大字、盲文、电子等无障碍格式版本的标签、说明书。

国家鼓励其他商品的生产经营者提供语音、大字、盲文、电子等无障碍格式版本的标签、说明书，方便残疾人、老年人识别和使用。

● *条文释义*

本条第1款对药品无障碍格式版本的标签、说明书作出明确的规定。药品直接涉及人民群众生命健康，现实中，商品尤其是药品的说明书字体小、阅读不方便、缺乏盲文版本的问题较为突出，给老年人、残疾人消费者使用造成不便。为此本条明确规定应当完善管理规范，要求药品生产经营者提供药品标签、说明书的无障碍格式版本。

第三十八条　【手语和盲文】国家推广和使用国家通用手语、国家通用盲文。

基本公共服务使用手语、盲文以及各类学校开展手语、盲文教育教学时，应当采用国家通用手语、国家通用盲文。

第四章　无障碍社会服务

第三十九条　【公共服务场所无障碍设施】公共服务场所应当配备必要的无障碍设备和辅助器具，标注指引无障碍设施，为残疾人、老年人提供无障碍服务。

公共服务场所涉及医疗健康、社会保障、金融业务、生活缴费等服务事项的，应当保留现场指导、人工办理等传统服务方式。

案例 34

检察建议促商超、菜场等百姓生活圈无障碍环境建设（江苏省检察院、省住建厅、省残联联合发布9起无障碍环境建设检察公益诉讼典型案例之七）①

在省检察机关无障碍环境建设公益诉讼专项监督活动中，区检察院对辖区内的22家菜市场、超市和商场展开实地走访。发现辖区内菜市场、超市和商场等公共场所存在残障人士专用通道设置和管理不到位的问题，包括：场所出入口未设置无障碍通道；无障碍通道实施封闭式管理，需联系工作人员打开后才能出入；未按要求在入口处设置明显标识和求助电话等。

---

① 参见“江苏检察在线”微信公众号，https：//mp.weixin.qq.com/s/sqE57G2_2QLdjIWv5mtKPg，2023年6月28日访问。

检察院认为，检察机关邀请人大代表、政协委员和残疾人联合会、相关行政机关代表举行公开听证。综合多方意见后，2021 年 9 月 24 日，检察机关向行政机关发出行政公益诉讼诉前检察建议，建议督促指导菜市场、商场、超市等公共场所规范设置和管理特殊人群无障碍通道。行政机关高度重视，于 10 月 13 日召开农贸、便民市场、大中型超市行政约谈会。10 月 20 日，行政机关联合区残联、人大、政协、新闻媒体开展了为期 10 天的公共场所残障人士出行专用通道的专项检查，督促 12 家菜市场和超市对无障碍通道进行整改。2021 年 12 月，检察机关邀请区残联、人大代表、政协委员以及残障人士代表对公共场所残障人士出行专用通道整改情况进行“回头看”，实地检验整改成效。从实地走访看，无障碍通道标识清晰醒目，残障人士车辆和老年人代步车进入菜市场等公共场所畅通无阻。

综上所述，无障碍环境建设，是保障残障人士群体平等参与社会生活的重要条件，是衡量城市温度的一把“尺子”。检察机关聚焦残障人士出行问题，通过公开听证、诉前检察建议、跟踪监督等方式督促行政机关整改公共场所无障碍通道问题，以个案推进社会协同治理。

● ***相关规定***

《残疾人保障法》第 55 条

第四十条　【低位服务台或者无障碍服务窗口】行政服务机构、社区服务机构以及供水、供电、供气、供热等公共服务机构，应当设置低位服务台或者无障碍服务窗口，配备电子信息显示屏、手写板、语音提示等设备，为残疾人、老年人提供无障碍服务。

● ***相关规定***

《无障碍环境建设条例》第 24 条

第四十一条　【无障碍法律服务】司法机关、仲裁机构、法律援助机构应当依法为残疾人、老年人参加诉讼、仲裁活动和获得法律援助提供无障碍服务。

国家鼓励律师事务所、公证机构、司法鉴定机构、基层法律服务所等法律服务机构，结合所提供的服务内容提供无障碍服务。

案例 35

加强残疾人无障碍诉讼服务（广东省高级人民法院发布 8 起残疾人司法保护典型案例之八）①

付某燕与谭某武均为聋哑人。2021 年 9 月，谭某武向付某燕出具《借条》，借款本金 29400 元，并约定谭某武每月还款 1000 元，如其未按约履行还款义务，需承担付某燕为维权支付的全部费用。其后，付某燕多次催促谭某武还款，但截至 2022 年 3 月，谭某武仅归还借款本金 2100 元。付某燕遂诉至法院，请求判令谭某武偿还剩余借款本金、逾期还款利息及维权费用。

法院认为，《借条》约定的金额、还款时间及维权费用的负担为双方真实意思表示，谭某武应当按照约定履行还款义务。故判决谭某武向付某燕支付借款本金 27300 元、维权费用 3500 元及逾期还款利息。

综上所述，人民法院积极设立“助残绿色通道”，将无障碍服务贯穿诉讼全流程。本案坚持“快立案、快送达、快审理、快结案”工作思路，庭前主动通过短信方式为残疾当事人提供诉讼指导和释明，在征得双方当事人同意后，采用移动微法院方式进行线上庭审，并安排手语老师提供全程手语翻译服务，切实保障残疾人平等、充分、方便地参与诉讼活动。

---

① 参见广东法院网，https：//www. gdcourts. gov. cn/gsxx/quanweifabu/anlihuicui/content/post_ 1047465. html，2023 年 6 月 28 日访问。

案例 36

手语开庭，解开聋哑夫妇矛盾（湖北高院发布维护残疾人合法权益八大典型案例之二）[①]

张某某、冯某均为聋哑人。2020 年两人通过网络相识相恋，并于 2021 年 2 月在民政部门登记结婚。但婚后双方经常发生矛盾，张某某因此离家出走。2022 年 10 月，张某某向法院提起离婚诉讼，请求判令准予离婚。

法院认为，考虑到当事人为聋哑人，在依法向冯某送达相关法律文书后，通过微信、电话与双方当事人及其亲友、代理律师沟通调解意见，鉴于双方均身处异地，决定采用互联网远程开庭，并安排手语老师全程参与庭审。在法院主持下，双方当事人在线达成调解协议，双方同意离婚，并由张某某支付冯某一定经济补偿款。该案当日即履行完毕。

综上所述，法院贯彻司法为民理念，全面推进线上无障碍诉讼服务模式，主动通过微信、电话为残疾当事人提供诉讼服务和指导，通过网上立案、在线庭审与调解，减轻当事人诉累。鉴于双方均为聋哑人，法院安排手语老师全程翻译，法官助理用文字信息征询各方意见，确认后再记入庭审笔录，庭审及调解笔录在线提请双方当事人确认，满足残疾人平等、便捷参与诉讼活动的需求，打通诉讼服务“最后一公里”。

● 相关规定

《法律援助法》第 25、45、68 条；《司法部、中国残疾人联合会关于为残疾人提供无障碍法律服务和法律援助的通知》

---

① 参见“湖北高院”微信公众号，https：//mp. weixin. qq. com/s/ie5UWbR0DsrE2wf_ M5lUSQ，2023 年 6 月 28 日访问。

第四十二条　【无障碍交通运输服务】交通运输设施和公共交通运输工具的运营单位应当根据各类运输方式的服务特点，结合设施设备条件和所提供的服务内容，为残疾人、老年人设置无障碍服务窗口、专用等候区域、绿色通道和优先坐席，提供辅助器具、咨询引导、字幕报站、语音提示、预约定制等无障碍服务。

● *相关规定*

《残疾人保障法》第 55 条

第四十三条　【无障碍教育服务】教育行政部门和教育机构应当加强教育场所的无障碍环境建设，为有残疾的师生、员工提供无障碍服务。

国家举办的教育考试、职业资格考试、技术技能考试、招录招聘考试以及各类学校组织的统一考试，应当为有残疾的考生提供便利服务。

案例 37

铺就特殊学子的无障碍之路（江苏省检察院、省住建厅、省残联联合发布 9 起无障碍环境建设检察公益诉讼典型案例之八）①

2022 年 2 月，部分人大代表、政协委员提出了加强无障碍出行、关爱未成年残障人士等建议和提案。检察机关联合市教育局，设计调查问卷，通过微信小程序开展无接触式问卷调查，并实地走访部分学校以及正在建设中的特殊教育学校。发现该地区 146 所各类学校中，存在 93 所没有无障碍厕所、79 所没有无障碍通道、94 所没有无障碍出入口等问题。

---

① 参见“江苏检察在线”微信公众号，https://mp.weixin.qq.com/s/sqE57G2_2QLdjIWv5mtKPg，2023 年 6 月 28 日访问。

检察院认为，检察机关召开公开听证会，邀请人大代表、政协委员、人民监督员、家长代表、学生代表、学校代表等参会，经过听证，一致认为学校作为未成年人生活、学习的重要场所，其设施设备等应符合无障碍设计规范标准；相关行政机关未依法充分履行职责，社会公共利益受到损害。2022 年 3 月，检察机关立案调查，发挥行政公益诉讼的督促、协同作用，与该地区残联、住建局、教育局开展诉前磋商和圆桌会议。后检察机关分别向相关行政机关制发了诉前检察建议、检察关注函、风险提示函，建议相关行政机关履行监督管理职责，要求相关学校进行整改。2022 年 4 月，在检察机关推动下，相关行政机关联合成立了专项整改小组，对全市范围内的学校开展排查，制定整改方案，并将涉未成年人无障碍环境建设情况纳入文明单位、文明学校的考核。

综上所述，学校系未成年残障人士生活、学习的重要场所，应该严格执行国家无障碍环境建设标准。检察机关通过公开听证、诉前磋商、圆桌会议等形式，凝聚共识；针对行政机关职责定位，运用检察建议、检察关注函、风险提示函等方式，督促行政机关协同履职，保障未成年残障人士得到优先、全面保护。

● ***相关规定***

《无障碍环境建设法》第 69 条；《残疾人保障法》第 54 条；《职业教育法》第 18 条；《无障碍环境建设条例》第 20 条

第四十四条　【无障碍医疗服务】医疗卫生机构应当结合所提供的服务内容，为残疾人、老年人就医提供便利。

与残疾人、老年人相关的服务机构应当配备无障碍设备，在生活照料、康复护理等方面提供无障碍服务。

案例38

落实残疾人驾照体检服务（最高人民检察院、中国残疾人联合会联合发布10件残疾人权益保障检察公益诉讼典型案例之三）①

近年来，为保障残疾人驾车权益，国家相关部委相继印发关于做好残疾人驾驶汽车工作的部门规章，规定右下肢残疾人、双下肢残疾人、单眼视力障碍人士、上肢残疾人驾驶汽车的身体条件，并明确由卫生健康行政部门认定的专门医疗机构为残疾人办理驾照进行体检、出具证明。部分医疗机构未依法依规开展残疾人驾照体检服务，相关职能部门未严格依法履职，致使残疾人难以进行驾照体检，侵害残疾人合法权益，损害社会公共利益。

检察院认为，针对查明的辖区内6家定点医疗机构或因不知晓政策而从未开展体检业务，或在开设体检业务后因体检人数较少予以取消，导致有需要的残疾人因体检渠道不畅影响后续驾照申领、换证等权利的公益受损情形，检察机关依据属地管辖分别向辖区卫生健康行政部门发出行政公益诉讼诉前检察建议，督促其依法全面履行监管职责，及时整改违法情形，切实保障残疾人合法权益。相关职能部门在收到检察建议书后第一时间约谈定点驾照体检医疗机构负责人，6家定点医疗机构及时落实残疾人驾照体检业务，并对外公布通知或通报辖区残疾人联合会。其中，4家定点医疗机构在医院体验中心增设服务，2家定点医疗机构分别在驾驶培训机构和车管所内增设服务，方便残疾人体检。截至2022年4月，已有10余名残疾人在上述定点医疗机构完成驾照体检，依法取得驾驶人身份条件证明。此外，定点医疗机构还进一步完善体检场所无障碍设施，邀请残疾人现场体验；职能部门组织定点医疗机构开展相关业务培训；职能部门开通残疾人驾照体检报告网上传

---

① 参见中华人民共和国最高人民检察院网站，https：//www. spp. gov. cn/spp/xwfbh/wsfbt/202205/t20220513_ 556792. shtml#2，2023年6月28日访问。

递渠道，实现与交警部门办事窗口的实时信息交互，方便残疾人驾照申领、换证。

综上所述，保障符合法定条件的残疾人通过体验、办理驾照，体现了对残疾人平等权利和尊严的保护，对于促进残疾人社会融合、促进残疾人就业具有重要意义，也是保障社会公众对残疾人驾驶汽车放心的安全阀。检察机关通过“益心为公检察云”平台，从残疾人群体精准获取案件线索，以专项办案推进系统监督，督促相关职能部门依法履行监管职责，打通有关法律政策落地落实“最后一公里”，促进残疾人驾照体检服务无障碍、全覆盖，共同营造为残疾人驾驶汽车提供便利的良好社会氛围。

第四十五条　【服务场所无障碍服务】国家鼓励文化、旅游、体育、金融、邮政、电信、交通、商业、餐饮、住宿、物业管理等服务场所结合所提供的服务内容，为残疾人、老年人提供辅助器具、咨询引导等无障碍服务。

国家鼓励邮政、快递企业为行动不便的残疾人、老年人提供上门收寄服务。

● ***相关规定***

《残疾人保障法》第55条；《国家邮政局、中国残疾人联合会关于进一步加强邮政行业无障碍环境建设等相关工作的通知》

第四十六条　【服务犬】公共场所经营管理单位、交通运输设施和公共交通运输工具的运营单位应当为残疾人携带导盲犬、导听犬、辅助犬等服务犬提供便利。

残疾人携带服务犬出入公共场所、使用交通运输设施和公共交通运输工具的，应当遵守国家有关规定，为服务犬佩戴明显识别装备，并采取必要的防护措施。

● ***相关规定***

《残疾人保障法》第 58 条；《无障碍环境建设条例》第 16 条；《视力残疾旅客携带导盲犬进站乘车若干规定（试行）》

第四十七条　【应急避难场所无障碍服务】应急避难场所的管理人在制定以及实施工作预案时，应当考虑残疾人、老年人的无障碍需求，视情况设置语音、大字、闪光等提示装置，完善无障碍服务功能。

第四十八条　【无障碍选举服务】组织选举的部门和单位应当采取措施，为残疾人、老年人选民参加投票提供便利和必要协助。

● ***相关规定***

《残疾人保障法》第 56 条；《无障碍环境建设条例》第 30 条

第四十九条　【无障碍信息服务平台建设】国家鼓励和支持无障碍信息服务平台建设，为残疾人、老年人提供远程实时无障碍信息服务。

第五章　保障措施

第五十条　【理念宣传】国家开展无障碍环境理念的宣传教育，普及无障碍环境知识，传播无障碍环境文化，提升全社会的无障碍环境意识。

新闻媒体应当积极开展无障碍环境建设方面的公益宣传。

第五十一条　【无障碍环境建设标准体系】 国家推广通用设计理念，建立健全国家标准、行业标准、地方标准，鼓励发展具有引领性的团体标准、企业标准，加强标准之间的衔接配合，构建无障碍环境建设标准体系。

地方结合本地实际制定的地方标准不得低于国家标准的相关技术要求。

● ***条文释义***

本条第2款对地方标准进行了规定。全国各地经济社会发展水平不同，本法推动了有条件的地方高标准建设无障碍环境。

● ***相关规定***

《无障碍环境建设条例》第6条

第五十二条　【制定标准征求意见】 制定或者修改涉及无障碍环境建设的标准，应当征求残疾人、老年人代表以及残疾人联合会、老龄协会等组织的意见。残疾人联合会、老龄协会等组织可以依法提出制定或者修改无障碍环境建设标准的建议。

第五十三条　【认证与评测制度】 国家建立健全无障碍设计、设施、产品、服务的认证和无障碍信息的评测制度，并推动结果采信应用。

● ***相关规定***

《市场监管总局、中国残联关于推进无障碍环境认证工作的指导意见》；《无障碍环境认证实施方案》；《辅助器具进校园工程实施方案》

第五十四条　【科技成果的运用】国家通过经费支持、政府采购、税收优惠等方式，促进新科技成果在无障碍环境建设中的运用，鼓励无障碍技术、产品和服务的研发、生产、应用和推广，支持无障碍设施、信息和服务的融合发展。

条文释义

本条规定了国家的鼓励支持措施。无障碍环境建设应当采取适当的税收优惠鼓励措施，并支持新技术成果的运用。

案例 39

对接无障碍地图 APP，强化检察大数据监督（苏州市检察院联合市住建局、市残联发布 4 件无障碍环境建设检察公益诉讼典型案例之三）①

2021 年 3 月，区检察院在开展“守护群众脚下安全”专项排查中发现辖区多处点位存在无障碍设施未设置、不齐全、不衔接以及不标准等情况，造成残疾人、老年人等特殊群体出行不便，产生安全隐患，损害社会公共利益。

检察院认为，住建部门和市政部门具有相应职责。2021 年 4 月 22 日区检察院向住建、城管部门制发诉前检察建议，建议由住建部门负责增设改造相应区域无障碍设施，城管部门负责对无障碍设施进行维修，强化管养，防止占用，并促进两单位建立协作整改机制。收到检察建议书后，城管部门立即研究制定专项行动方案，对辖区 96 处破损盲道道板进行维修，并在周边重新划定非机动车停车点位 24 处，增设 500 米非机动车阻车设施。住建部门组织召开无障碍整改专题协调会，邀请经发、规划、城管、属地等单位参加，制定整改方案，明确整改责任人和

---

① 参见“苏州检察发布”微信公众号，https：//mp. weixin. qq. com/s/SuKY4fVvwQ3pAAKp0eASrQ，2023 年 6 月 28 日访问。

期限，增设改造无障碍设施30余处，并由点及面改造提升大运河景区无障碍环境，有效提升了辖区无障碍环境。办案过程中，该院积极寻求社会优质供给，主动对接辖区智能科技公司，该公司是全国首批、无障碍地图服务提供商，也是一家残疾人创业公司。区检察院找准结合点积极推进无障碍地图APP与该院检察大数据中心的对接，形成了集线索反馈移送、履职展示、更新指引等功能于一体的联合处置数据平台：一是检察公益诉讼模块进驻无障碍地图APP，在3处经督促整改主要点位详情界面增加了检察公益诉讼案件整改前后效果对比，并及时更新该点位状态，持续接受社会监督；二是在该院检察大数据中心平台上增设了残疾人权益保护领域，及时收集无障碍地图数据库及随手拍移送的线索数据；三是检察机关作为无障碍地图管理员之一，动员行政、社会力量共同采集完善无障碍设施点位，参与无障碍地图的建设推广。截至2022年1月，该大数据平台向区检察院移送线索10余件，立案7件，并推动行政机关划拨专项资金，打造无碍示范区。

综上所述，实现无障碍出行是让残疾人活出精彩人生的必要基础条件。检察机关着眼出行权益，通过事前磋商、圆桌会议、专题汇报、诉前检察建议等形式，督促行政机关全面整改；凝聚检察产品和社会供给的相向力，与残疾人创业公司开展合作协作，对接检察大数据与无障碍地图，推进履职信息化展示并在拓宽数据来源、增强实时功能、闭环问题处置等方面实现能动反哺，助力公司产品建设推广。同时，联动政协残联，牵引推进残疾人权益保障全覆盖、常态化，以我管促都管，全面提升特殊群体权益保障质效。

● *相关规定*

《残疾人保障法》第57条

第五十五条　【人才培养机制】国家建立无障碍环境建设相关领域人才培养机制。

国家鼓励高等学校、中等职业学校等开设无障碍环境建设相关专业和课程，开展无障碍环境建设理论研究、国际交流和实践活动。

建筑、交通运输、计算机科学与技术等相关学科专业应当增加无障碍环境建设的教学和实践内容，相关领域职业资格、继续教育以及其他培训的考试内容应当包括无障碍环境建设知识。

第五十六条　【知识与技能培训】国家鼓励机关、企业事业单位、社会团体以及其他社会组织，对工作人员进行无障碍服务知识与技能培训。

第五十七条　【文明城市等创建活动】文明城市、文明村镇、文明单位、文明社区、文明校园等创建活动，应当将无障碍环境建设情况作为重要内容。

第六章　监督管理

第五十八条　【监督检查】县级以上人民政府及其有关主管部门依法对无障碍环境建设进行监督检查，根据工作需要开展联合监督检查。

第五十九条　【考核评价制度】国家实施无障碍环境建设目标责任制和考核评价制度。县级以上地方人民政府根据本地区实际，制定具体考核办法。

第六十条　【定期评估】县级以上地方人民政府有关主管部门定期委托第三方机构开展无障碍环境建设评估，并将评估结果向社会公布，接受社会监督。

第六十一条　【信息公示制度】县级以上人民政府建立无障碍环境建设信息公示制度，定期发布无障碍环境建设情况。

第六十二条　【意见和建议】任何组织和个人有权向政府有关主管部门提出加强和改进无障碍环境建设的意见和建议，对违反本法规定的行为进行投诉、举报。县级以上人民政府有关主管部门接到涉及无障碍环境建设的投诉和举报，应当及时处理并予以答复。

残疾人联合会、老龄协会等组织根据需要，可以聘请残疾人、老年人代表以及具有相关专业知识的人员，对无障碍环境建设情况进行监督。

新闻媒体可以对无障碍环境建设情况开展舆论监督。

● *条文释义*

本条第2款规定了社会组织根据需要聘请人员进行监督。为进一步加强无障碍环境建设监督的针对性和有效性，本条借鉴了一些地方的做法，增加聘请相关人员开展监督的规定。

第六十三条　【公益诉讼】对违反本法规定损害社会公共利益的行为，人民检察院可以提出检察建议或者提起公益诉讼。

案例 40

针对无障碍环境建设存在的突出问题部署开展专项监督（最高检发布10件无障碍环境建设公益诉讼典型案例之一）①

2020年1月，市检察院在市人大常委会的监督支持下，积极稳妥探索将无障碍环境建设纳入公益诉讼新领域，结合实地踏勘、走访调查发现，全市范围内无障碍环境建设不规范、不均衡、不系统问题较为普遍，涉及交通出行、日常生活、办公办事等多重环境维度，侵犯了残疾人、老年人、儿童、孕妇等特殊群体平等参与社会生活的基本权利，相关职能部门未能依法履职，存在监督管理缺位现象。省检察院经调研发现，全省同样存在类似问题，损害了社会公共利益。

检察院认为，相关职能部门无障碍环境设施的规划建设、改造提升和运行维护等监督管理职责缺位情况不是个别现象，有必要在全省范围内开展系统化的专项监督。2020年7月，在最高人民检察院指导下，省检察院印发公益诉讼检察办案指引，全面梳理无障碍环境建设违法点、部门职责、相关法律法规等，推广市检察机关办案经验，供全省公益诉讼检察部门学习借鉴。2020年9月，省检察院印发《关于开展无障碍环境建设检察公益诉讼专项监督行动的通知》，决定在全省范围内开展无障碍环境建设检察公益诉讼专项监督行动，重点针对全省58个比赛场馆及城市相关配套设施开展专项监督。省检察院围绕机场、铁路客站等站内站外无障碍环境设施衔接等重点问题自行立案办理，与省住建、交通运输、国资等部门开展磋商，推动相关问题解决。截至2021年3月底，全省检察机关立案办理无障碍环境建设行政公益诉讼案264件，发送检察建议245份。全省11个地市检察院和相关基层院实现无障碍环境公益诉讼案件办理“全覆盖”，推动相关问题的系统治理和有效解决。

---

① 参见中华人民共和国最高人民检察院网站，https：//www. spp. gov. cn/xwfbh/wsfbh/202105/t20210514_ 518136. shtml，2023年6月28日访问。

综上所述，创造无障碍环境，是保障残疾人等特殊群体平等参与社会生活的重要条件，也事关每个公民有特殊需求时的应急保障，体现社会文明进步和公平正义。省检察机关以专项监督为手段，抓住多发性、普遍性问题长期存在的症结，以系统化专项监督推动系统性治理。同时，联合相关职能部门建立长效机制，切实增强检察监督的整体性、协同性与全面性。针对部分行业垂直管理体制造成的客观监管障碍，由省级检察院指导地方检察机关与专门检察机关形成协同办案的“一体化”格局，提升检察监督合力。

案例 41

整治无障碍设施不规范问题（最高检发布 10 件无障碍环境建设公益诉讼典型案例之十）①

城市公厕无障碍设施、无障碍机动车停车位是与残疾人日常生活密切相关的公共服务设施。辖区内部分社区的无障碍设施普遍存在不规范、不便利、不实用等问题，相关行政部门未尽到监督管理职责，未有效保障残疾人等特殊群体平等参与社会生活的权利。

检察院认为，区城管委作为城市公厕无障碍设施的监管部门、区交通局作为无障碍机动车停车场的监管部门、街道办作为具有执法权的单位，对无障碍设施存在的问题均未依法全面履行各自职责，致使社会公共利益持续受到侵害。2021 年 2 月 24 日和 3 月 4 日，区检察院分别向上述三个行政机关制发诉前检察建议，建议其全面履行各自监管职责，严格按照有关要求，规范无障碍厕所标识、增设垂直抓杆、调低救助呼叫按钮高度；施划无障碍停车位标线、增设数量、合理设置停车位位置等，并由点及面对全区内的无障碍设施进行全面排查，为特殊群体提供

① 参见中华人民共和国最高人民检察院网站，https：//www. spp. gov. cn/xwfbh/wsfbh/202105/t20210514_ 518136. shtml，2023 年 6 月 28 日访问。

更加优质安全、高效便捷的城市服务。同时，区检察院将检察建议书抄送区残联，建议其为行政机关整改提供行业支持和专业指导，确保无障碍设施达标、实用和便利。收到检察建议后，各行政机关高度重视、积极履职，迅速组织整改落实。区城管委第一时间与区残联对接，争取技术支持，按照设计规范对涉案公厕进行整改，并对排查出的部分公厕存在的小便器安全抓杆与洗手盆安全抓杆设置不标准问题进行整改。区交通局成立专项工作领导小组推动整改，一个月内对全区经营性停车场进行全覆盖检查，累计出动检查人员 18 人次，检查车辆 9 车次，检查停车场 42 家次，发现问题 33 项；街道办专题研究整改措施，约谈停车场运营公司负责人，并下达责令整改通知书；区无障碍环境建设专班、区残联相关人员进行现场指导，为各行政机关的整改工作解决技术困难。

综上所述，检察机关主动担当作为，积极履行公益诉讼检察职能，借助“外脑”优势，提升精准监督水平，督促各行政机关依法履职、齐抓共管，同时以点带面同步开展专项监督，推动区域内同类问题得到全面整治，实现了“无碍”变“有爱”，提升了辖区无障碍设施的规范化、精细化、常态化管理水平。

第七章　法律责任

第六十四条　【违法建设、设计、施工、监理的责任】工程建设、设计、施工、监理单位未按照本法规定进行建设、设计、施工、监理的，由住房和城乡建设、民政、交通运输等相关主管部门责令限期改正；逾期未改正的，依照相关法律法规的规定进行处罚。

案例 42

督促执行无障碍设计规范（内蒙古检察机关发布4起无障碍环境建设公益诉讼典型案例之三）①

自治旗城区内部分新建、改建的道路、城市服务中心、公共服务场馆、公共交通设施等无障碍设施建设不符合有关规定，存在无障碍设施未依法设置、设置不规范的问题，部分已建设的无障碍设施未能正常使用，给残疾人等特殊群体自主安全地通行道路、出入相关建筑物、交流信息、获得平等服务带来不便，相关职能部门未严格依法履职，侵害了特殊群体合法权益，损害了社会公共利益。

检察院认为，查明如下事实：一是机场、汽车站无障碍卫生间配置均不符合“无障碍卫生间设计入口净宽不应小于80厘米并安装安全抓杆”的要求。二是政务服务大厅、图书馆、体育馆公共停车场未规划设置无障碍机动车停车位。三是体育场无障碍通道坡度高度和水平长度均不符合标准，且未安装护栏，不利于轮椅通过。图书馆外未设置无障碍通道。自治旗检察院向自治旗地方政府汇报了城区内无障碍设施建设标准低、管理维护不到位等情况，牵头与自治旗残联、自治旗住房和城乡建设局等部门召开无障碍设施设置工作座谈会，加强与行政机关沟通协调，推动问题整改。2021年4月8日，自治旗检察院向自治旗住房和城乡建设局发出检察建议，督促该局依法纠正不符合无障碍设施工程建设标准的行为，对新建、既有建筑项目无障碍设施建设进行整改。自治旗住房和城乡建设局采纳了检察建议，在地方政府的有力支持下，部署开展了无障碍设施专项整治，对自治旗城区内汽车站、飞机场、银行、政务服务大厅、宾馆、酒店、学校、幼儿园、医院等61处公共场所的无障碍设施建设、使用情况进行实地抽查，各无障碍设施管理单位按照整

① 参见“内蒙古检察”微信公众号，https：//mp. weixin. qq. com/s/fnlU5wSKLid A_ _ JPi5bpyQ，2023年6月28日访问。

改建议逐步完成整改。检察机关推动建立长效机制，自治旗住房和城乡建设局制定《无障碍设施施工验收及维护规范机制》加大无障碍设计规范执行力度和既有建筑的无障碍设施改造力度，结合创建全国文明城市工作，提高无障碍设施配置规范化水平。

综上所述，推动无障碍设计规范的有效实施是建设无障碍环境的根本和前提，检察机关作为法律监督机关和公共利益代表，通过主动争取地方政府支持，以行政公益诉讼诉前检察建议，督促行政机关依法履行监督管理职责，督促开展专项整治行动，协同有关部门与社会组织，系统治理无障碍设计规范执行不到位，无障碍设施建设不达标的难题，切实保障残疾人等特殊群体的合法权益。

● ***相关规定***

《残疾人保障法》第66条；《无障碍环境建设条例》第31条

第六十五条　【未依法维护和使用责任】 违反本法规定，有下列情形之一的，由住房和城乡建设、民政、交通运输等相关主管部门责令限期改正；逾期未改正的，对单位处一万元以上三万元以下罚款，对个人处一百元以上五百元以下罚款：

（一）无障碍设施责任人不履行维护和管理职责，无法保障无障碍设施功能正常和使用安全；

（二）设置临时无障碍设施不符合相关规定；

（三）擅自改变无障碍设施的用途或者非法占用、损坏无障碍设施。

● ***相关规定***

《无障碍环境建设法》第18、26-28条；《老年人权益保障法》第82条；《残疾人保障法》第66条；《无障碍环境建设条例》第33条

第六十六条　【未依法履行无障碍信息交流义务责任】 违反本法规定，不依法履行无障碍信息交流义务的，由网信、工业和信息化、电信、广播电视、新闻出版等相关主管部门责令限期改正；逾期未改正的，予以通报批评。

第六十七条　【未依法提供无障碍信息服务责任】 电信业务经营者不依法提供无障碍信息服务的，由电信主管部门责令限期改正；逾期未改正的，处一万元以上十万元以下罚款。

● ***相关规定***

《无障碍环境建设法》第 34 条

第六十八条　【未依法提供无障碍社会服务责任】 负有公共服务职责的部门和单位未依法提供无障碍社会服务的，由本级人民政府或者上级主管部门责令限期改正；逾期未改正的，对直接负责的主管人员和其他直接责任人员依法给予处分。

第六十九条　【未依法向有残疾的考生提供便利服务责任】 考试举办者、组织者未依法向有残疾的考生提供便利服务的，由本级人民政府或者上级主管部门予以批评并责令改正；拒不改正的，对直接负责的主管人员和其他直接责任人员依法给予处分。

● ***相关规定***

《无障碍环境建设法》第 43 条

第七十条　【滥用职权、玩忽职守的责任】无障碍环境建设相关主管部门、有关组织的工作人员滥用职权、玩忽职守、徇私舞弊的，依法给予处分。

● ***相关规定***

《刑法》第397条；《无障碍环境建设条例》第34条

第七十一条　【造成人身损害、财产损失的责任】违反本法规定，造成人身损害、财产损失的，依法承担民事责任；构成犯罪的，依法追究刑事责任。

第八章　附　　则

第七十二条　【时效】本法自2023年9月1日起施行。

● ***相关规定***

《立法法》第61条

附录一　相关法律法规

中华人民共和国老年人权益保障法

（1996年8月29日第八届全国人民代表大会常务委员会第二十一次会议通过　根据2009年8月27日第十一届全国人民代表大会常务委员会第十次会议《关于修改部分法律的决定》第一次修正　2012年12月28日第十一届全国人民代表大会常务委员会第三十次会议修订　根据2015年4月24日第十二届全国人民代表大会常务委员会第十四次会议《关于修改〈中华人民共和国电力法〉等六部法律的决定》第二次修正　根据2018年12月29日第十三届全国人民代表大会常务委员会第七次会议《关于修改〈中华人民共和国劳动法〉等七部法律的决定》第三次修正）

目　　录

第一章　总　　则

第一条　为了保障老年人合法权益，发展老龄事业，弘扬中华民族敬老、养老、助老的美德，根据宪法，制定本法。

第二条　本法所称老年人是指六十周岁以上的公民。

第三条　国家保障老年人依法享有的权益。

老年人有从国家和社会获得物质帮助的权利，有享受社会服务和社会优待的权利，有参与社会发展和共享发展成果的权利。

禁止歧视、侮辱、虐待或者遗弃老年人。

第四条　积极应对人口老龄化是国家的一项长期战略任务。

国家和社会应当采取措施，健全保障老年人权益的各项制度，逐步改善保障老年人生活、健康、安全以及参与社会发展的条件，实现老有所养、老有所医、老有所为、老有所学、老有所乐。

第五条　国家建立多层次的社会保障体系，逐步提高对老年人的保障水平。

国家建立和完善以居家为基础、社区为依托、机构为支撑的社会养老服务体系。

倡导全社会优待老年人。

第六条　各级人民政府应当将老龄事业纳入国民经济和社会发展规划，将老龄事业经费列入财政预算，建立稳定的经费保障机制，并鼓励社会各方面投入，使老龄事业与经济、社会协调发展。

国务院制定国家老龄事业发展规划。县级以上地方人民政府根据国家老龄事业发展规划，制定本行政区域的老龄事业发展规划和年度计划。

县级以上人民政府负责老龄工作的机构，负责组织、协调、指导、督促有关部门做好老年人权益保障工作。

第七条 保障老年人合法权益是全社会的共同责任。

国家机关、社会团体、企业事业单位和其他组织应当按照各自职责，做好老年人权益保障工作。

基层群众性自治组织和依法设立的老年人组织应当反映老年人的要求，维护老年人合法权益，为老年人服务。

提倡、鼓励义务为老年人服务。

第八条 国家进行人口老龄化国情教育，增强全社会积极应对人口老龄化意识。

全社会应当广泛开展敬老、养老、助老宣传教育活动，树立尊重、关心、帮助老年人的社会风尚。

青少年组织、学校和幼儿园应当对青少年和儿童进行敬老、养老、助老的道德教育和维护老年人合法权益的法制教育。

广播、电影、电视、报刊、网络等应当反映老年人的生活，开展维护老年人合法权益的宣传，为老年人服务。

第九条 国家支持老龄科学研究，建立老年人状况统计调查和发布制度。

第十条 各级人民政府和有关部门对维护老年人合法权益和敬老、养老、助老成绩显著的组织、家庭或者个人，对参与社会发展做出突出贡献的老年人，按照国家有关规定给予表彰或者奖励。

第十一条 老年人应当遵纪守法，履行法律规定的义务。

第十二条 每年农历九月初九为老年节。

第二章　家庭赡养与扶养

第十三条　老年人养老以居家为基础，家庭成员应当尊重、关心和照料老年人。

第十四条　赡养人应当履行对老年人经济上供养、生活上照料和精神上慰藉的义务，照顾老年人的特殊需要。

赡养人是指老年人的子女以及其他依法负有赡养义务的人。

赡养人的配偶应当协助赡养人履行赡养义务。

第十五条　赡养人应当使患病的老年人及时得到治疗和护理；对经济困难的老年人，应当提供医疗费用。

对生活不能自理的老年人，赡养人应当承担照料责任；不能亲自照料的，可以按照老年人的意愿委托他人或者养老机构等照料。

第十六条　赡养人应当妥善安排老年人的住房，不得强迫老年人居住或者迁居条件低劣的房屋。

老年人自有的或者承租的住房，子女或者其他亲属不得侵占，不得擅自改变产权关系或者租赁关系。

老年人自有的住房，赡养人有维修的义务。

第十七条　赡养人有义务耕种或者委托他人耕种老年人承包的田地，照管或者委托他人照管老年人的林木和牲畜等，收益归老年人所有。

第十八条　家庭成员应当关心老年人的精神需求，不得忽视、冷落老年人。

与老年人分开居住的家庭成员，应当经常看望或者问候老年人。

用人单位应当按照国家有关规定保障赡养人探亲休假的权利。

第十九条　赡养人不得以放弃继承权或者其他理由，拒绝履行赡养义务。

赡养人不履行赡养义务，老年人有要求赡养人付给赡养费等权利。

赡养人不得要求老年人承担力不能及的劳动。

第二十条 经老年人同意，赡养人之间可以就履行赡养义务签订协议。赡养协议的内容不得违反法律的规定和老年人的意愿。

基层群众性自治组织、老年人组织或者赡养人所在单位监督协议的履行。

第二十一条 老年人的婚姻自由受法律保护。子女或者其他亲属不得干涉老年人离婚、再婚及婚后的生活。

赡养人的赡养义务不因老年人的婚姻关系变化而消除。

第二十二条 老年人对个人的财产，依法享有占有、使用、收益和处分的权利，子女或者其他亲属不得干涉，不得以窃取、骗取、强行索取等方式侵犯老年人的财产权益。

老年人有依法继承父母、配偶、子女或者其他亲属遗产的权利，有接受赠与的权利。子女或者其他亲属不得侵占、抢夺、转移、隐匿或者损毁应当由老年人继承或者接受赠与的财产。

老年人以遗嘱处分财产，应当依法为老年配偶保留必要的份额。

第二十三条 老年人与配偶有相互扶养的义务。

由兄、姐扶养的弟、妹成年后，有负担能力的，对年老无赡养人的兄、姐有扶养的义务。

第二十四条 赡养人、扶养人不履行赡养、扶养义务的，基层群众性自治组织、老年人组织或者赡养人、扶养人所在单位应当督促其履行。

第二十五条 禁止对老年人实施家庭暴力。

第二十六条 具备完全民事行为能力的老年人，可以在近亲属或者其他与自己关系密切、愿意承担监护责任的个人、组织中协商确定自己的监护人。监护人在老年人丧失或者部分丧失民事行为能力时，依法承担监护责任。

老年人未事先确定监护人的，其丧失或者部分丧失民事行为能力时，依照有关法律的规定确定监护人。

第二十七条 国家建立健全家庭养老支持政策，鼓励家庭成员与老年人共同生活或者就近居住，为老年人随配偶或者赡养人迁徙提供条件，为家庭成员照料老年人提供帮助。

第三章 社会保障

第二十八条 国家通过基本养老保险制度，保障老年人的基本生活。

第二十九条 国家通过基本医疗保险制度，保障老年人的基本医疗需要。享受最低生活保障的老年人和符合条件的低收入家庭中的老年人参加新型农村合作医疗和城镇居民基本医疗保险所需个人缴费部分，由政府给予补贴。

有关部门制定医疗保险办法，应当对老年人给予照顾。

第三十条 国家逐步开展长期护理保障工作，保障老年人的护理需求。

对生活长期不能自理、经济困难的老年人，地方各级人民政府应当根据其失能程度等情况给予护理补贴。

第三十一条 国家对经济困难的老年人给予基本生活、医疗、居住或者其他救助。

老年人无劳动能力、无生活来源、无赡养人和扶养人，或者其赡养人和扶养人确无赡养能力或者扶养能力的，由地方各级人民政府依照有关规定给予供养或者救助。

对流浪乞讨、遭受遗弃等生活无着的老年人，由地方各级人民政府依照有关规定给予救助。

第三十二条 地方各级人民政府在实施廉租住房、公共租赁住房等住房保障制度或者进行危旧房屋改造时，应当优先照顾符合条件的老年人。

第三十三条 国家建立和完善老年人福利制度，根据经济社会发展水平和老年人的实际需要，增加老年人的社会福利。

国家鼓励地方建立八十周岁以上低收入老年人高龄津贴制度。

国家建立和完善计划生育家庭老年人扶助制度。

农村可以将未承包的集体所有的部分土地、山林、水面、滩涂等作为养老基地，收益供老年人养老。

第三十四条 老年人依法享有的养老金、医疗待遇和其他待遇应当得到保障，有关机构必须按时足额支付，不得克扣、拖欠或者挪用。

国家根据经济发展以及职工平均工资增长、物价上涨等情况，适时提高养老保障水平。

第三十五条 国家鼓励慈善组织以及其他组织和个人为老年人提供物质帮助。

第三十六条 老年人可以与集体经济组织、基层群众性自治组织、养老机构等组织或者个人签订遗赠扶养协议或者其他扶助协议。

负有扶养义务的组织或者个人按照遗赠扶养协议，承担该老年人生养死葬的义务，享有受遗赠的权利。

第四章 社会服务

第三十七条 地方各级人民政府和有关部门应当采取措施，发展城乡社区养老服务，鼓励、扶持专业服务机构及其他组织和个人，为居家的老年人提供生活照料、紧急救援、医疗护理、精神慰藉、心理咨询等多种形式的服务。

对经济困难的老年人，地方各级人民政府应当逐步给予养老服务补贴。

第三十八条　地方各级人民政府和有关部门、基层群众性自治组织，应当将养老服务设施纳入城乡社区配套设施建设规划，建立适应老年人需要的生活服务、文化体育活动、日间照料、疾病护理与康复等服务设施和网点，就近为老年人提供服务。

发扬邻里互助的传统，提倡邻里间关心、帮助有困难的老年人。

鼓励慈善组织、志愿者为老年人服务。倡导老年人互助服务。

第三十九条　各级人民政府应当根据经济发展水平和老年人服务需求，逐步增加对养老服务的投入。

各级人民政府和有关部门在财政、税费、土地、融资等方面采取措施，鼓励、扶持企业事业单位、社会组织或者个人兴办、运营养老、老年人日间照料、老年文化体育活动等设施。

第四十条　地方各级人民政府和有关部门应当按照老年人口比例及分布情况，将养老服务设施建设纳入城乡规划和土地利用总体规划，统筹安排养老服务设施建设用地及所需物资。

公益性养老服务设施用地，可以依法使用国有划拨土地或者农民集体所有的土地。

养老服务设施用地，非经法定程序不得改变用途。

第四十一条　政府投资兴办的养老机构，应当优先保障经济困难的孤寡、失能、高龄等老年人的服务需求。

第四十二条　国务院有关部门制定养老服务设施建设、养老服务质量和养老服务职业等标准，建立健全养老机构分类管理和养老服务评估制度。

各级人民政府应当规范养老服务收费项目和标准，加强监督和管理。

第四十三条 设立公益性养老机构，应当依法办理相应的登记。

设立经营性养老机构，应当在市场监督管理部门办理登记。

养老机构登记后即可开展服务活动，并向县级以上人民政府民政部门备案。

第四十四条 地方各级人民政府加强对本行政区域养老机构管理工作的领导，建立养老机构综合监管制度。

县级以上人民政府民政部门负责养老机构的指导、监督和管理，其他有关部门依照职责分工对养老机构实施监督。

第四十五条 县级以上人民政府民政部门依法履行监督检查职责，可以采取下列措施：

（一）向养老机构和个人了解情况；

（二）进入涉嫌违法的养老机构进行现场检查；

（三）查阅或者复制有关合同、票据、账簿及其他有关资料；

（四）发现养老机构存在可能危及人身健康和生命财产安全风险的，责令限期改正，逾期不改正的，责令停业整顿。

县级以上人民政府民政部门调查养老机构涉嫌违法的行为，应当遵守《中华人民共和国行政强制法》和其他有关法律、行政法规的规定。

第四十六条 养老机构变更或者终止的，应当妥善安置收住的老年人，并依照规定到有关部门办理手续。有关部门应当为养老机构妥善安置老年人提供帮助。

第四十七条 国家建立健全养老服务人才培养、使用、评价和激励制度，依法规范用工，促进从业人员劳动报酬合理增长，发展专职、兼职和志愿者相结合的养老服务队伍。

国家鼓励高等学校、中等职业学校和职业培训机构设置相关专业或者培训项目，培养养老服务专业人才。

第四十八条 养老机构应当与接受服务的老年人或者其代理人签订服务协议，明确双方的权利、义务。

养老机构及其工作人员不得以任何方式侵害老年人的权益。

第四十九条 国家鼓励养老机构投保责任保险，鼓励保险公司承保责任保险。

第五十条 各级人民政府和有关部门应当将老年医疗卫生服务纳入城乡医疗卫生服务规划，将老年人健康管理和常见病预防等纳入国家基本公共卫生服务项目。鼓励为老年人提供保健、护理、临终关怀等服务。

国家鼓励医疗机构开设针对老年病的专科或者门诊。

医疗卫生机构应当开展老年人的健康服务和疾病防治工作。

第五十一条 国家采取措施，加强老年医学的研究和人才培养，提高老年病的预防、治疗、科研水平，促进老年病的早期发现、诊断和治疗。

国家和社会采取措施，开展各种形式的健康教育，普及老年保健知识，增强老年人自我保健意识。

第五十二条 国家采取措施，发展老龄产业，将老龄产业列入国家扶持行业目录。扶持和引导企业开发、生产、经营适应老年人需要的用品和提供相关的服务。

第五章 社会优待

第五十三条 县级以上人民政府及其有关部门根据经济社会发展情况和老年人的特殊需要，制定优待老年人的办法，逐步提高优待水平。

对常住在本行政区域内的外埠老年人给予同等优待。

第五十四条 各级人民政府和有关部门应当为老年人及时、便利地领取养老金、结算医疗费和享受其他物质帮助提供条件。

第五十五条 各级人民政府和有关部门办理房屋权属关系变更、户口迁移等涉及老年人权益的重大事项时，应当就办理事项是否为老年人的真实意思表示进行询问，并依法优先办理。

第五十六条 老年人因其合法权益受侵害提起诉讼交纳诉讼费确有困难的，可以缓交、减交或者免交；需要获得律师帮助，但无力支付律师费用的，可以获得法律援助。

鼓励律师事务所、公证处、基层法律服务所和其他法律服务机构为经济困难的老年人提供免费或者优惠服务。

第五十七条 医疗机构应当为老年人就医提供方便，对老年人就医予以优先。有条件的地方，可以为老年人设立家庭病床，开展巡回医疗、护理、康复、免费体检等服务。

提倡为老年人义诊。

第五十八条 提倡与老年人日常生活密切相关的服务行业为老年人提供优先、优惠服务。

城市公共交通、公路、铁路、水路和航空客运，应当为老年人提供优待和照顾。

第五十九条 博物馆、美术馆、科技馆、纪念馆、公共图书馆、文化馆、影剧院、体育场馆、公园、旅游景点等场所，应当对老年人免费或者优惠开放。

第六十条 农村老年人不承担兴办公益事业的筹劳义务。

第六章 宜居环境

第六十一条 国家采取措施，推进宜居环境建设，为老年人提供安全、便利和舒适的环境。

第六十二条 各级人民政府在制定城乡规划时，应当根据人口老龄化发展趋势、老年人口分布和老年人的特点，统筹考虑适合老年人的公共基础设施、生活服务设施、医疗卫生设施和文化体育设施建设。

第六十三条 国家制定和完善涉及老年人的工程建设标准体系，在规划、设计、施工、监理、验收、运行、维护、管理等环节加强相关标准的实施与监督。

第六十四条 国家制定无障碍设施工程建设标准。新建、改建和扩建道路、公共交通设施、建筑物、居住区等，应当符合国家无障碍设施工程建设标准。

各级人民政府和有关部门应当按照国家无障碍设施工程建设标准，优先推进与老年人日常生活密切相关的公共服务设施的改造。

无障碍设施的所有人和管理人应当保障无障碍设施正常使用。

第六十五条 国家推动老年宜居社区建设，引导、支持老年宜居住宅的开发，推动和扶持老年人家庭无障碍设施的改造，为老年人创造无障碍居住环境。

第七章 参与社会发展

第六十六条 国家和社会应当重视、珍惜老年人的知识、技能、经验和优良品德，发挥老年人的专长和作用，保障老年人参与经济、政治、文化和社会生活。

第六十七条 老年人可以通过老年人组织，开展有益身心健康的活动。

第六十八条 制定法律、法规、规章和公共政策，涉及老年人权益重大问题的，应当听取老年人和老年人组织的意见。

老年人和老年人组织有权向国家机关提出老年人权益保障、老龄事业发展等方面的意见和建议。

第六十九条 国家为老年人参与社会发展创造条件。根据社会需要和可能，鼓励老年人在自愿和量力的情况下，从事下列活动：

（一）对青少年和儿童进行社会主义、爱国主义、集体主义和艰苦奋斗等优良传统教育；

（二）传授文化和科技知识；

（三）提供咨询服务；

（四）依法参与科技开发和应用；

（五）依法从事经营和生产活动；

（六）参加志愿服务、兴办社会公益事业；

（七）参与维护社会治安、协助调解民间纠纷；

（八）参加其他社会活动。

第七十条 老年人参加劳动的合法收入受法律保护。

任何单位和个人不得安排老年人从事危害其身心健康的劳动或者危险作业。

第七十一条 老年人有继续受教育的权利。

国家发展老年教育，把老年教育纳入终身教育体系，鼓励社会办好各类老年学校。

各级人民政府对老年教育应当加强领导，统一规划，加大投入。

第七十二条 国家和社会采取措施，开展适合老年人的群众性文化、体育、娱乐活动，丰富老年人的精神文化生活。

第八章　法律责任

第七十三条 老年人合法权益受到侵害的，被侵害人或者其代理人有权要求有关部门处理，或者依法向人民法院提起诉讼。

人民法院和有关部门，对侵犯老年人合法权益的申诉、控告和检举，应当依法及时受理，不得推诿、拖延。

第七十四条 不履行保护老年人合法权益职责的部门或者组织，其上级主管部门应当给予批评教育，责令改正。

国家工作人员违法失职，致使老年人合法权益受到损害的，由其所在单位或者上级机关责令改正，或者依法给予处分；构成犯罪的，依法追究刑事责任。

第七十五条 老年人与家庭成员因赡养、扶养或者住房、财产等发生纠纷，可以申请人民调解委员会或者其他有关组织进行调解，也可以直接向人民法院提起诉讼。

人民调解委员会或者其他有关组织调解前款纠纷时，应当通过说服、疏导等方式化解矛盾和纠纷；对有过错的家庭成员，应当给予批评教育。

人民法院对老年人追索赡养费或者扶养费的申请，可以依法裁定先予执行。

第七十六条 干涉老年人婚姻自由，对老年人负有赡养义务、扶养义务而拒绝赡养、扶养，虐待老年人或者对老年人实施家庭暴力的，由有关单位给予批评教育；构成违反治安管理行为的，依法给予治安管理处罚；构成犯罪的，依法追究刑事责任。

第七十七条 家庭成员盗窃、诈骗、抢夺、侵占、勒索、故意损毁老年人财物，构成违反治安管理行为的，依法给予治安管理处罚；构成犯罪的，依法追究刑事责任。

第七十八条 侮辱、诽谤老年人，构成违反治安管理行为的，依法给予治安管理处罚；构成犯罪的，依法追究刑事责任。

第七十九条 养老机构及其工作人员侵害老年人人身和财产权益，

或者未按照约定提供服务的，依法承担民事责任；有关主管部门依法给予行政处罚；构成犯罪的，依法追究刑事责任。

第八十条 对养老机构负有管理和监督职责的部门及其工作人员滥用职权、玩忽职守、徇私舞弊的，对直接负责的主管人员和其他直接责任人员依法给予处分；构成犯罪的，依法追究刑事责任。

第八十一条 不按规定履行优待老年人义务的，由有关主管部门责令改正。

第八十二条 涉及老年人的工程不符合国家规定的标准或者无障碍设施所有人、管理人未尽到维护和管理职责的，由有关主管部门责令改正；造成损害的，依法承担民事责任；对有关单位、个人依法给予行政处罚；构成犯罪的，依法追究刑事责任。

第九章 附　　则

第八十三条 民族自治地方的人民代表大会，可以根据本法的原则，结合当地民族风俗习惯的具体情况，依照法定程序制定变通的或者补充的规定。

第八十四条 本法施行前设立的养老机构不符合本法规定条件的，应当限期整改。具体办法由国务院民政部门制定。

第八十五条 本法自2013年7月1日起施行。

中华人民共和国残疾人保障法

（1990 年 12 月 28 日第七届全国人民代表大会常务委员会第十七次会议通过　2008 年 4 月 24 日第十一届全国人民代表大会常务委员会第二次会议修订　根据 2018 年 10 月 26 日第十三届全国人民代表大会常务委员会第六次会议《关于修改〈中华人民共和国野生动物保护法〉等十五部法律的决定》修正）

目　　录

第一章　总　　则

第一条　为了维护残疾人的合法权益，发展残疾人事业，保障残疾人平等地充分参与社会生活，共享社会物质文化成果，根据宪法，制定本法。

第二条 残疾人是指在心理、生理、人体结构上，某种组织、功能丧失或者不正常，全部或者部分丧失以正常方式从事某种活动能力的人。

残疾人包括视力残疾、听力残疾、言语残疾、肢体残疾、智力残疾、精神残疾、多重残疾和其他残疾的人。

残疾标准由国务院规定。

第三条 残疾人在政治、经济、文化、社会和家庭生活等方面享有同其他公民平等的权利。

残疾人的公民权利和人格尊严受法律保护。

禁止基于残疾的歧视。禁止侮辱、侵害残疾人。禁止通过大众传播媒介或者其他方式贬低损害残疾人人格。

第四条 国家采取辅助方法和扶持措施，对残疾人给予特别扶助，减轻或者消除残疾影响和外界障碍，保障残疾人权利的实现。

第五条 县级以上人民政府应当将残疾人事业纳入国民经济和社会发展规划，加强领导，综合协调，并将残疾人事业经费列入财政预算，建立稳定的经费保障机制。

国务院制定中国残疾人事业发展纲要，县级以上地方人民政府根据中国残疾人事业发展纲要，制定本行政区域的残疾人事业发展规划和年度计划，使残疾人事业与经济、社会协调发展。

县级以上人民政府负责残疾人工作的机构，负责组织、协调、指导、督促有关部门做好残疾人事业的工作。

各级人民政府和有关部门，应当密切联系残疾人，听取残疾人的意见，按照各自的职责，做好残疾人工作。

第六条 国家采取措施，保障残疾人依照法律规定，通过各种途径和形式，管理国家事务，管理经济和文化事业，管理社会事务。

制定法律、法规、规章和公共政策，对涉及残疾人权益和残疾人事业的重大问题，应当听取残疾人和残疾人组织的意见。

残疾人和残疾人组织有权向各级国家机关提出残疾人权益保障、残疾人事业发展等方面的意见和建议。

第七条 全社会应当发扬人道主义精神，理解、尊重、关心、帮助残疾人，支持残疾人事业。

国家鼓励社会组织和个人为残疾人提供捐助和服务。

国家机关、社会团体、企业事业单位和城乡基层群众性自治组织，应当做好所属范围内的残疾人工作。

从事残疾人工作的国家工作人员和其他人员，应当依法履行职责，努力为残疾人服务。

第八条 中国残疾人联合会及其地方组织，代表残疾人的共同利益，维护残疾人的合法权益，团结教育残疾人，为残疾人服务。

中国残疾人联合会及其地方组织依照法律、法规、章程或者接受政府委托，开展残疾人工作，动员社会力量，发展残疾人事业。

第九条 残疾人的扶养人必须对残疾人履行扶养义务。

残疾人的监护人必须履行监护职责，尊重被监护人的意愿，维护被监护人的合法权益。

残疾人的亲属、监护人应当鼓励和帮助残疾人增强自立能力。

禁止对残疾人实施家庭暴力，禁止虐待、遗弃残疾人。

第十条 国家鼓励残疾人自尊、自信、自强、自立，为社会主义建设贡献力量。

残疾人应当遵守法律、法规，履行应尽的义务，遵守公共秩序，尊重社会公德。

第十一条 国家有计划地开展残疾预防工作，加强对残疾预防工作的领导，宣传、普及母婴保健和预防残疾的知识，建立健全出生缺陷预防和早期发现、早期治疗机制，针对遗传、疾病、药物、事故、灾害、环境污染和其他致残因素，组织和动员社会力量，采取措施，预防残疾的发生，减轻残疾程度。

国家建立健全残疾人统计调查制度，开展残疾人状况的统计调查和分析。

第十二条 国家和社会对残疾军人、因公致残人员以及其他为维护国家和人民利益致残的人员实行特别保障，给予抚恤和优待。

第十三条 对在社会主义建设中做出显著成绩的残疾人，对维护残疾人合法权益、发展残疾人事业、为残疾人服务做出显著成绩的单位和个人，各级人民政府和有关部门给予表彰和奖励。

第十四条 每年5月的第三个星期日为全国助残日。

第二章 康 复

第十五条 国家保障残疾人享有康复服务的权利。

各级人民政府和有关部门应当采取措施，为残疾人康复创造条件，建立和完善残疾人康复服务体系，并分阶段实施重点康复项目，帮助残疾人恢复或者补偿功能，增强其参与社会生活的能力。

第十六条 康复工作应当从实际出发，将现代康复技术与我国传统康复技术相结合；以社区康复为基础，康复机构为骨干，残疾人家庭为依托；以实用、易行、受益广的康复内容为重点，优先开展残疾儿童抢救性治疗和康复；发展符合康复要求的科学技术，鼓励自主创新，加强康复新技术的研究、开发和应用，为残疾人提供有效的康复服务。

第十七条 各级人民政府鼓励和扶持社会力量兴办残疾人康复机构。

地方各级人民政府和有关部门，应当组织和指导城乡社区服务组织、医疗预防保健机构、残疾人组织、残疾人家庭和其他社会力量，开展社区康复工作。

残疾人教育机构、福利性单位和其他为残疾人服务的机构，应当创造条件，开展康复训练活动。

残疾人在专业人员的指导和有关工作人员、志愿工作者及亲属的帮助下，应当努力进行功能、自理能力和劳动技能的训练。

第十八条 地方各级人民政府和有关部门应当根据需要有计划地在医疗机构设立康复医学科室，举办残疾人康复机构，开展康复医疗与训练、人员培训、技术指导、科学研究等工作。

第十九条 医学院校和其他有关院校应当有计划地开设康复课程，设置相关专业，培养各类康复专业人才。

政府和社会采取多种形式对从事康复工作的人员进行技术培训；向残疾人、残疾人亲属、有关工作人员和志愿工作者普及康复知识，传授康复方法。

第二十条 政府有关部门应当组织和扶持残疾人康复器械、辅助器具的研制、生产、供应、维修服务。

第三章 教　　育

第二十一条 国家保障残疾人享有平等接受教育的权利。

各级人民政府应当将残疾人教育作为国家教育事业的组成部分，统一规划，加强领导，为残疾人接受教育创造条件。

政府、社会、学校应当采取有效措施，解决残疾儿童、少年就学存在的实际困难，帮助其完成义务教育。

各级人民政府对接受义务教育的残疾学生、贫困残疾人家庭的学生提供免费教科书，并给予寄宿生活费等费用补助；对接受义务教育以外其他教育的残疾学生、贫困残疾人家庭的学生按照国家有关规定给予资助。

第二十二条 残疾人教育，实行普及与提高相结合、以普及为重点的方针，保障义务教育，着重发展职业教育，积极开展学前教育，逐步发展高级中等以上教育。

第二十三条 残疾人教育应当根据残疾人的身心特性和需要，按照下列要求实施：

（一）在进行思想教育、文化教育的同时，加强身心补偿和职业教育；

（二）依据残疾类别和接受能力，采取普通教育方式或者特殊教育方式；

（三）特殊教育的课程设置、教材、教学方法、入学和在校年龄，可以有适度弹性。

第二十四条 县级以上人民政府应当根据残疾人的数量、分布状况和残疾类别等因素，合理设置残疾人教育机构，并鼓励社会力量办学、捐资助学。

第二十五条 普通教育机构对具有接受普通教育能力的残疾人实施教育，并为其学习提供便利和帮助。

普通小学、初级中等学校，必须招收能适应其学习生活的残疾儿童、少年入学；普通高级中等学校、中等职业学校和高等学校，必须招收符合国家规定的录取要求的残疾考生入学，不得因其残疾而拒绝招收；拒绝招收的，当事人或者其亲属、监护人可以要求有关部门处理，有关部门应当责令该学校招收。

普通幼儿教育机构应当接收能适应其生活的残疾幼儿。

第二十六条 残疾幼儿教育机构、普通幼儿教育机构附设的残疾儿童班、特殊教育机构的学前班、残疾儿童福利机构、残疾儿童家庭，对残疾儿童实施学前教育。

初级中等以下特殊教育机构和普通教育机构附设的特殊教育班，对不具有接受普通教育能力的残疾儿童、少年实施义务教育。

高级中等以上特殊教育机构、普通教育机构附设的特殊教育班和残疾人职业教育机构，对符合条件的残疾人实施高级中等以上文化教育、职业教育。

提供特殊教育的机构应当具备适合残疾人学习、康复、生活特点的场所和设施。

第二十七条 政府有关部门、残疾人所在单位和有关社会组织应当对残疾人开展扫除文盲、职业培训、创业培训和其他成人教育，鼓励残疾人自学成才。

第二十八条 国家有计划地举办各级各类特殊教育师范院校、专业，在普通师范院校附设特殊教育班，培养、培训特殊教育师资。普通师范院校开设特殊教育课程或者讲授有关内容，使普通教师掌握必要的特殊教育知识。

特殊教育教师和手语翻译，享受特殊教育津贴。

第二十九条 政府有关部门应当组织和扶持盲文、手语的研究和应用，特殊教育教材的编写和出版，特殊教育教学用具及其他辅助用品的研制、生产和供应。

第四章 劳动就业

第三十条 国家保障残疾人劳动的权利。

各级人民政府应当对残疾人劳动就业统筹规划，为残疾人创造劳动就业条件。

第三十一条 残疾人劳动就业，实行集中与分散相结合的方针，采取优惠政策和扶持保护措施，通过多渠道、多层次、多种形式，使残疾人劳动就业逐步普及、稳定、合理。

第三十二条 政府和社会举办残疾人福利企业、盲人按摩机构和其他福利性单位，集中安排残疾人就业。

第三十三条 国家实行按比例安排残疾人就业制度。

国家机关、社会团体、企业事业单位、民办非企业单位应当按照规定的比例安排残疾人就业，并为其选择适当的工种和岗位。达不到规定比例的，按照国家有关规定履行保障残疾人就业义务。国家鼓励用人单位超过规定比例安排残疾人就业。

残疾人就业的具体办法由国务院规定。

第三十四条 国家鼓励和扶持残疾人自主择业、自主创业。

第三十五条 地方各级人民政府和农村基层组织，应当组织和扶持农村残疾人从事种植业、养殖业、手工业和其他形式的生产劳动。

第三十六条 国家对安排残疾人就业达到、超过规定比例或者集中安排残疾人就业的用人单位和从事个体经营的残疾人，依法给予税收优惠，并在生产、经营、技术、资金、物资、场地等方面给予扶持。国家对从事个体经营的残疾人，免除行政事业性收费。

县级以上地方人民政府及其有关部门应当确定适合残疾人生产、经营的产品、项目，优先安排残疾人福利性单位生产或者经营，并根据残疾人福利性单位的生产特点确定某些产品由其专产。

政府采购，在同等条件下应当优先购买残疾人福利性单位的产品或者服务。

地方各级人民政府应当开发适合残疾人就业的公益性岗位。

对申请从事个体经营的残疾人，有关部门应当优先核发营业执照。

对从事各类生产劳动的农村残疾人，有关部门应当在生产服务、技术指导、农用物资供应、农副产品购销和信贷等方面，给予帮助。

第三十七条 政府有关部门设立的公共就业服务机构，应当为残疾人免费提供就业服务。

残疾人联合会举办的残疾人就业服务机构，应当组织开展免费的职业指导、职业介绍和职业培训，为残疾人就业和用人单位招用残疾人提供服务和帮助。

第三十八条 国家保护残疾人福利性单位的财产所有权和经营自主权，其合法权益不受侵犯。

在职工的招用、转正、晋级、职称评定、劳动报酬、生活福利、休息休假、社会保险等方面，不得歧视残疾人。

残疾职工所在单位应当根据残疾职工的特点，提供适当的劳动条件和劳动保护，并根据实际需要对劳动场所、劳动设备和生活设施进行改造。

国家采取措施，保障盲人保健和医疗按摩人员从业的合法权益。

第三十九条 残疾职工所在单位应当对残疾职工进行岗位技术培训，提高其劳动技能和技术水平。

第四十条 任何单位和个人不得以暴力、威胁或者非法限制人身自由的手段强迫残疾人劳动。

第五章　文化生活

第四十一条 国家保障残疾人享有平等参与文化生活的权利。

各级人民政府和有关部门鼓励、帮助残疾人参加各种文化、体育、娱乐活动，积极创造条件，丰富残疾人精神文化生活。

第四十二条 残疾人文化、体育、娱乐活动应当面向基层，融于社会公共文化生活，适应各类残疾人的不同特点和需要，使残疾人广泛参与。

第四十三条　政府和社会采取下列措施，丰富残疾人的精神文化生活：

（一）通过广播、电影、电视、报刊、图书、网络等形式，及时宣传报道残疾人的工作、生活等情况，为残疾人服务；

（二）组织和扶持盲文读物、盲人有声读物及其他残疾人读物的编写和出版，根据盲人的实际需要，在公共图书馆设立盲文读物、盲人有声读物图书室；

（三）开办电视手语节目，开办残疾人专题广播栏目，推进电视栏目、影视作品加配字幕、解说；

（四）组织和扶持残疾人开展群众性文化、体育、娱乐活动，举办特殊艺术演出和残疾人体育运动会，参加国际性比赛和交流；

（五）文化、体育、娱乐和其他公共活动场所，为残疾人提供方便和照顾。有计划地兴办残疾人活动场所。

第四十四条　政府和社会鼓励、帮助残疾人从事文学、艺术、教育、科学、技术和其他有益于人民的创造性劳动。

第四十五条　政府和社会促进残疾人与其他公民之间的相互理解和交流，宣传残疾人事业和扶助残疾人的事迹，弘扬残疾人自强不息的精神，倡导团结、友爱、互助的社会风尚。

第六章　社会保障

第四十六条　国家保障残疾人享有各项社会保障的权利。

政府和社会采取措施，完善对残疾人的社会保障，保障和改善残疾人的生活。

第四十七条　残疾人及其所在单位应当按照国家有关规定参加社会保险。

残疾人所在城乡基层群众性自治组织、残疾人家庭，应当鼓励、帮助残疾人参加社会保险。

对生活确有困难的残疾人，按照国家有关规定给予社会保险补贴。

第四十八条 各级人民政府对生活确有困难的残疾人，通过多种渠道给予生活、教育、住房和其他社会救助。

县级以上地方人民政府对享受最低生活保障待遇后生活仍有特别困难的残疾人家庭，应当采取其他措施保障其基本生活。

各级人民政府对贫困残疾人的基本医疗、康复服务、必要的辅助器具的配置和更换，应当按照规定给予救助。

对生活不能自理的残疾人，地方各级人民政府应当根据情况给予护理补贴。

第四十九条 地方各级人民政府对无劳动能力、无扶养人或者扶养人不具有扶养能力、无生活来源的残疾人，按照规定予以供养。

国家鼓励和扶持社会力量举办残疾人供养、托养机构。

残疾人供养、托养机构及其工作人员不得侮辱、虐待、遗弃残疾人。

第五十条 县级以上人民政府对残疾人搭乘公共交通工具，应当根据实际情况给予便利和优惠。残疾人可以免费携带随身必备的辅助器具。

盲人持有效证件免费乘坐市内公共汽车、电车、地铁、渡船等公共交通工具。盲人读物邮件免费寄递。

国家鼓励和支持提供电信、广播电视服务的单位对盲人、听力残疾人、言语残疾人给予优惠。

各级人民政府应当逐步增加对残疾人的其他照顾和扶助。

第五十一条 政府有关部门和残疾人组织应当建立和完善社会各界为残疾人捐助和服务的渠道，鼓励和支持发展残疾人慈善事业，开展志愿者助残等公益活动。

第七章　无障碍环境

第五十二条　国家和社会应当采取措施，逐步完善无障碍设施，推进信息交流无障碍，为残疾人平等参与社会生活创造无障碍环境。

各级人民政府应当对无障碍环境建设进行统筹规划，综合协调，加强监督管理。

第五十三条　无障碍设施的建设和改造，应当符合残疾人的实际需要。

新建、改建和扩建建筑物、道路、交通设施等，应当符合国家有关无障碍设施工程建设标准。

各级人民政府和有关部门应当按照国家无障碍设施工程建设规定，逐步推进已建成设施的改造，优先推进与残疾人日常工作、生活密切相关的公共服务设施的改造。

对无障碍设施应当及时维修和保护。

第五十四条　国家采取措施，为残疾人信息交流无障碍创造条件。

各级人民政府和有关部门应当采取措施，为残疾人获取公共信息提供便利。

国家和社会研制、开发适合残疾人使用的信息交流技术和产品。

国家举办的各类升学考试、职业资格考试和任职考试，有盲人参加的，应当为盲人提供盲文试卷、电子试卷或者由专门的工作人员予以协助。

第五十五条　公共服务机构和公共场所应当创造条件，为残疾人提供语音和文字提示、手语、盲文等信息交流服务，并提供优先服务和辅助性服务。

公共交通工具应当逐步达到无障碍设施的要求。有条件的公共停车场应当为残疾人设置专用停车位。

第五十六条 组织选举的部门应当为残疾人参加选举提供便利；有条件的，应当为盲人提供盲文选票。

第五十七条 国家鼓励和扶持无障碍辅助设备、无障碍交通工具的研制和开发。

第五十八条 盲人携带导盲犬出入公共场所，应当遵守国家有关规定。

第八章 法律责任

第五十九条 残疾人的合法权益受到侵害的，可以向残疾人组织投诉，残疾人组织应当维护残疾人的合法权益，有权要求有关部门或者单位查处。有关部门或者单位应当依法查处，并予以答复。

残疾人组织对残疾人通过诉讼维护其合法权益需要帮助的，应当给予支持。

残疾人组织对侵害特定残疾人群体利益的行为，有权要求有关部门依法查处。

第六十条 残疾人的合法权益受到侵害的，有权要求有关部门依法处理，或者依法向仲裁机构申请仲裁，或者依法向人民法院提起诉讼。

对有经济困难或者其他原因确需法律援助或者司法救助的残疾人，当地法律援助机构或者人民法院应当给予帮助，依法为其提供法律援助或者司法救助。

第六十一条 违反本法规定，对侵害残疾人权益行为的申诉、控告、检举，推诿、拖延、压制不予查处，或者对提出申诉、控告、检举的人进行打击报复的，由其所在单位、主管部门或者上级机关责令改正，并依法对直接负责的主管人员和其他直接责任人员给予处分。

国家工作人员未依法履行职责，对侵害残疾人权益的行为未及时制止或者未给予受害残疾人必要帮助，造成严重后果的，由其所在单位或者上级机关依法对直接负责的主管人员和其他直接责任人员给予处分。

第六十二条 违反本法规定，通过大众传播媒介或者其他方式贬低损害残疾人人格的，由文化、广播电视、电影、新闻出版或者其他有关主管部门依据各自的职权责令改正，并依法给予行政处罚。

第六十三条 违反本法规定，有关教育机构拒不接收残疾学生入学，或者在国家规定的录取要求以外附加条件限制残疾学生就学的，由有关主管部门责令改正，并依法对直接负责的主管人员和其他直接责任人员给予处分。

第六十四条 违反本法规定，在职工的招用等方面歧视残疾人的，由有关主管部门责令改正；残疾人劳动者可以依法向人民法院提起诉讼。

第六十五条 违反本法规定，供养、托养机构及其工作人员侮辱、虐待、遗弃残疾人的，对直接负责的主管人员和其他直接责任人员依法给予处分；构成违反治安管理行为的，依法给予行政处罚。

第六十六条 违反本法规定，新建、改建和扩建建筑物、道路、交通设施，不符合国家有关无障碍设施工程建设标准，或者对无障碍设施未进行及时维修和保护造成后果的，由有关主管部门依法处理。

第六十七条 违反本法规定，侵害残疾人的合法权益，其他法律、法规规定行政处罚的，从其规定；造成财产损失或者其他损害的，依法承担民事责任；构成犯罪的，依法追究刑事责任。

第九章 附 则

第六十八条 本法自 2008 年 7 月 1 日起施行。

无障碍环境建设条例

（2012 年 6 月 13 日国务院第 208 次常务会议通过　2012 年 6 月 28 日中华人民共和国国务院令第 622 号公布　自 2012 年 8 月 1 日起施行）

第一章　总　　则

第一条　为了创造无障碍环境，保障残疾人等社会成员平等参与社会生活，制定本条例。

第二条　本条例所称无障碍环境建设，是指为便于残疾人等社会成员自主安全地通行道路、出入相关建筑物、搭乘公共交通工具、交流信息、获得社区服务所进行的建设活动。

第三条　无障碍环境建设应当与经济和社会发展水平相适应，遵循实用、易行、广泛受益的原则。

第四条　县级以上人民政府负责组织编制无障碍环境建设发展规划并组织实施。

编制无障碍环境建设发展规划，应当征求残疾人组织等社会组织的意见。

无障碍环境建设发展规划应当纳入国民经济和社会发展规划以及城乡规划。

第五条　国务院住房和城乡建设主管部门负责全国无障碍设施工程建设活动的监督管理工作，会同国务院有关部门制定无障碍设施工程建设标准，并对无障碍设施工程建设的情况进行监督检查。

国务院工业和信息化主管部门等有关部门在各自职责范围内，做好无障碍环境建设工作。

第六条 国家鼓励、支持采用无障碍通用设计的技术和产品，推进残疾人专用的无障碍技术和产品的开发、应用和推广。

第七条 国家倡导无障碍环境建设理念，鼓励公民、法人和其他组织为无障碍环境建设提供捐助和志愿服务。

第八条 对在无障碍环境建设工作中作出显著成绩的单位和个人，按照国家有关规定给予表彰和奖励。

第二章 无障碍设施建设

第九条 城镇新建、改建、扩建道路、公共建筑、公共交通设施、居住建筑、居住区，应当符合无障碍设施工程建设标准。

乡、村庄的建设和发展，应当逐步达到无障碍设施工程建设标准。

第十条 无障碍设施工程应当与主体工程同步设计、同步施工、同步验收投入使用。新建的无障碍设施应当与周边的无障碍设施相衔接。

第十一条 对城镇已建成的不符合无障碍设施工程建设标准的道路、公共建筑、公共交通设施、居住建筑、居住区，县级以上人民政府应当制定无障碍设施改造计划并组织实施。

无障碍设施改造由所有权人或者管理人负责。

第十二条 县级以上人民政府应当优先推进下列机构、场所的无障碍设施改造：

（一）特殊教育、康复、社会福利等机构；

（二）国家机关的公共服务场所；

（三）文化、体育、医疗卫生等单位的公共服务场所；

（四）交通运输、金融、邮政、商业、旅游等公共服务场所。

第十三条 城市的主要道路、主要商业区和大型居住区的人行天桥和人行地下通道，应当按照无障碍设施工程建设标准配备无障碍设施，人行道交通信号设施应当逐步完善无障碍服务功能，适应残疾人等社会成员通行的需要。

第十四条 城市的大中型公共场所的公共停车场和大型居住区的停车场，应当按照无障碍设施工程建设标准设置并标明无障碍停车位。

无障碍停车位为肢体残疾人驾驶或者乘坐的机动车专用。

第十五条 民用航空器、客运列车、客运船舶、公共汽车、城市轨道交通车辆等公共交通工具应当逐步达到无障碍设施的要求。有关主管部门应当制定公共交通工具的无障碍技术标准并确定达标期限。

第十六条 视力残疾人携带导盲犬出入公共场所，应当遵守国家有关规定，公共场所的工作人员应当按照国家有关规定提供无障碍服务。

第十七条 无障碍设施的所有权人和管理人，应当对无障碍设施进行保护，有损毁或者故障及时进行维修，确保无障碍设施正常使用。

第三章 无障碍信息交流

第十八条 县级以上人民政府应当将无障碍信息交流建设纳入信息化建设规划，并采取措施推进信息交流无障碍建设。

第十九条 县级以上人民政府及其有关部门发布重要政府信息和与残疾人相关的信息，应当创造条件为残疾人提供语音和文字提示等信息交流服务。

第二十条 国家举办的升学考试、职业资格考试和任职考试，有视力残疾人参加的，应当为视力残疾人提供盲文试卷、电子试卷，或者由工作人员予以协助。

第二十一条 设区的市级以上人民政府设立的电视台应当创造条

件，在播出电视节目时配备字幕，每周播放至少一次配播手语的新闻节目。

公开出版发行的影视类录像制品应当配备字幕。

第二十二条 设区的市级以上人民政府设立的公共图书馆应当开设视力残疾人阅览室，提供盲文读物、有声读物，其他图书馆应当逐步开设视力残疾人阅览室。

第二十三条 残疾人组织的网站应当达到无障碍网站设计标准，设区的市级以上人民政府网站、政府公益活动网站，应当逐步达到无障碍网站设计标准。

第二十四条 公共服务机构和公共场所应当创造条件为残疾人提供语音和文字提示、手语、盲文等信息交流服务，并对工作人员进行无障碍服务技能培训。

第二十五条 举办听力残疾人集中参加的公共活动，举办单位应当提供字幕或者手语服务。

第二十六条 电信业务经营者提供电信服务，应当创造条件为有需求的听力、言语残疾人提供文字信息服务，为有需求的视力残疾人提供语音信息服务。

电信终端设备制造者应当提供能够与无障碍信息交流服务相衔接的技术、产品。

第四章　无障碍社区服务

第二十七条 社区公共服务设施应当逐步完善无障碍服务功能，为残疾人等社会成员参与社区生活提供便利。

第二十八条 地方各级人民政府应当逐步完善报警、医疗急救等紧急呼叫系统，方便残疾人等社会成员报警、呼救。

第二十九条　对需要进行无障碍设施改造的贫困家庭，县级以上地方人民政府可以给予适当补助。

第三十条　组织选举的部门应当为残疾人参加选举提供便利，为视力残疾人提供盲文选票。

第五章　法律责任

第三十一条　城镇新建、改建、扩建道路、公共建筑、公共交通设施、居住建筑、居住区，不符合无障碍设施工程建设标准的，由住房和城乡建设主管部门责令改正，依法给予处罚。

第三十二条　肢体残疾人驾驶或者乘坐的机动车以外的机动车占用无障碍停车位，影响肢体残疾人使用的，由公安机关交通管理部门责令改正，依法给予处罚。

第三十三条　无障碍设施的所有权人或者管理人对无障碍设施未进行保护或者及时维修，导致无法正常使用的，由有关主管部门责令限期维修；造成使用人人身、财产损害的，无障碍设施的所有权人或者管理人应当承担赔偿责任。

第三十四条　无障碍环境建设主管部门工作人员滥用职权、玩忽职守、徇私舞弊的，依法给予处分；构成犯罪的，依法追究刑事责任。

第六章　附　　则

第三十五条　本条例自2012年8月1日起施行。

国务院关于印发“十四五”残疾人保障和发展规划的通知

（2021年7月8日　国发〔2021〕10号）

现将《“十四五”残疾人保障和发展规划》印发给你们，请认真贯彻执行。

“十四五”残疾人保障和发展规划

为贯彻落实习近平总书记关于残疾人事业的重要指示批示精神和党中央、国务院决策部署，进一步保障残疾人民生、促进残疾人发展，依据《中华人民共和国残疾人保障法》和《中华人民共和国国民经济和社会发展第十四个五年规划和2035年远景目标纲要》，制定本规划。

一、编制背景

党中央、国务院高度重视残疾人事业发展，对残疾人格外关心、格外关注。“十三五”时期，残疾人事业取得重大成就，“全面建成小康社会，残疾人一个也不能少”的目标如期实现。710万农村建档立卡贫困残疾人脱贫，城乡新增180.8万残疾人就业，1076.8万困难残疾人被纳入最低生活保障范围。1212.6万困难残疾人得到生活补贴，1473.8万重度残疾人得到护理补贴。残疾人基本康复服务覆盖率达到80%，辅助器具适配率达到80%。残疾儿童少年接受义务教育的比例达到95%，5万多残疾学生进入高等院校学习。城乡无障碍环境明显改善，关爱帮助残疾人的社会氛围日益浓厚。越来越多的残疾人更加勇敢地面对生活的挑战，更加坚强地为梦想而奋斗，为经济社会发展作出了重要贡献。我国在国际残疾人事务中的影响力显著提升。这些重大成就，有效改善了残疾人民生，有力推动了社会文明进步，成为全面建成小康社会的重要方面，彰显了中国共产党领导和中国特色社会主义制度的显著优势。

我国有8500多万残疾人。“十四五”时期，由于人口老龄化加快等因素，残疾仍会多发高发。残疾人人数众多、特性突出，特别需要关心帮助。当前面临的突出问题：一是残疾人返贫致贫风险高，相当数量的低收入残疾人家庭生活还比较困难。二是残疾人社会保障水平和就业质量还不高，残疾人家庭人均收入与社会平均水平相比还存在不小差距。三是残疾人公共服务总量不足、分布不均衡、质量效益还不高，残疾人就学就医、康复照护、无障碍等多样化需求还没有得到满足。四是残疾人平等权利还没有得到充分实现，歧视残疾人、侵害残疾人权益的现象还时有发生。五是残疾人事业仍然是经济社会发展的短板，欠发达地区、农村和基层为残疾人服务的能力尤其薄弱。

残疾人事业是中国特色社会主义事业的重要组成部分，扶残助残是社会文明进步的重要标志。习近平总书记强调，“残疾人事业一定要继续推动”，要“促进残疾人全面发展和共同富裕”。在全面建设社会主义现代化国家的新征程中，决不能让残疾人掉队。“十四五”时期，要继续加快发展残疾人事业，团结带领残疾人和全国人民一道，积极投身全面建设社会主义现代化国家的伟大实践，共建共享更加幸福美好的生活。

二、总体要求

（一）指导思想。

高举中国特色社会主义伟大旗帜，深入贯彻党的十九大和十九届二中、三中、四中、五中全会精神，坚持以习近平新时代中国特色社会主义思想为指导，贯彻落实习近平总书记关于残疾人事业的重要指示批示精神和党中央、国务院决策部署，立足新发展阶段、贯彻新发展理念、构建新发展格局，坚持弱有所扶，以推动残疾人事业高质量发展为主题，以巩固拓展残疾人脱贫攻坚成果、促进残疾人全面发展和共同富裕为主线，保障残疾人平等权利，增进残疾人民生福祉，增强残疾人自我发展能力，推动残疾人事业向着现代化迈进，不断满足残疾人美好生活需要。

（二）基本原则。

坚持党的全面领导。健全党委领导、政府负责的残疾人工作领导体制，为残疾人保障和发展提供坚强的政治保障、组织保障。

坚持以人民为中心。坚持对残疾人格外关心、格外关注，解决好残疾人最关心、最直接、最现实的利益问题。激发残疾人的积极性、主动性、创造性，不断增强残疾人的获得感、幸福感、安全感。

坚持保基本、兜底线。着力完善残疾人社会福利制度和关爱服务体系，织密扎牢残疾人民生保障安全网，堵漏洞、补短板、强弱项，改善残疾人生活品质，促进残疾人共享经济社会发展成果。

坚持固根基、提质量。深化残疾人服务供给侧改革，强化残疾人事业人才培养、科技应用、信息化、智能化等基础保障条件，推动残疾人事业高质量发展，满足残疾人多层次、多样化的发展需要。

坚持统筹协调、形成合力。发挥政府主导作用和社会力量、市场主体协同作用，发挥地方优势和基层首创精神，集成政策、整合资源、优化服务，促进残疾人事业与经济社会协调发展，推动城乡、区域残疾人事业均衡发展。

（三）主要目标。

到2025年，残疾人脱贫攻坚成果巩固拓展，生活品质得到新改善，民生福祉达到新水平。多层次的残疾人社会保障制度基本建立，残疾人基本民生得到稳定保障，重度残疾人得到更好照护。多形式的残疾人就业支持体系基本形成，残疾人实现较为充分较高质量的就业。均等化的残疾人基本公共服务体系更加完备，残疾人思想道德素养、科学文化素质和身心健康水平明显提高。无障碍环境持续优化，残疾人在政治、经济、文化、社会、家庭生活等各方面平等权利得到更好实现。残疾人事业基础保障条件明显改善，质量效益不断提升。

到2035年，残疾人事业与经济社会协调发展，与国家基本实现现代化目标相适应。残疾人物质生活更为宽裕，精神生活更为丰富，与社会平均水平的差距显著缩小。平等包容的社会氛围更加浓厚，残疾人充分享有平等参与、公平发展的权利，残疾人的全面发展和共同富裕取得更为明显的实质性进展。

专栏1 “十四五”残疾人保障和发展主要指标

类别	指　标	2020年	2025年	属性
收入和就业	1. 残疾人家庭人均收入年均增长（%）	——	与国内生产总值增长基本同步	预期性
	2. 城乡残疾人职业技能培训人数（人）	——	200万	预期性
社会保障和基本公共服务	3. 符合条件的残疾人纳入最低生活保障比例（%）	100	100	约束性
	4. 困难残疾人生活补贴覆盖率（%）	100	100	约束性
	5. 重度残疾人护理补贴覆盖率（%）	100	100	约束性
	6. 残疾人城乡居民基本养老保险参保率（%）	90	>90	预期性
	7. 残疾人城乡居民基本医疗保险参保率（%）	>95	>95	预期性
	8. 残疾儿童少年义务教育入学率（%）	95	97	预期性
	9. 残疾人基本康复服务覆盖率（%）	>80	85	约束性
	10. 残疾人辅助器具适配率（%）	>80	85	约束性
	11. 困难重度残疾人家庭无障碍改造数（户）	——	110万	约束性

三、重点任务

（一）完善残疾人社会保障制度，为残疾人提供更加稳定更高水平的民生保障。

1. 巩固拓展残疾人脱贫攻坚成果。健全易返贫致贫人口动态监测预警和帮扶机制，将符合条件的残疾人及时纳入易返贫致贫监测范围，对易返贫致贫残疾人及时给予有效帮扶。对脱贫人口中完全丧失劳动能力或部分丧失劳动能力且无法通过产业就业获得稳定收入的残疾人，按规定纳入农村低保或特困人员救助供养范围，做到应保尽保、应兜尽兜。做好易地搬迁残疾人后续帮扶工作。按照巩固拓展脱贫攻坚成果同乡村振兴有效衔接要求，持续做好农村低收入残疾人家庭帮扶工作。继续把残疾人帮扶作为东西部协作工作重要内容，持续动员社会力量参与残疾人帮扶。依法保障农村残疾人的土地承包经营权、宅基地使用权、集体收益分配权等权益。在深化农村集体产权制度改革中帮助残疾人共享集体经济发展成果。扶持农村残疾人参与乡村富民产业，分享产业链增值收益。充分发挥基层党组织在扶残助残中的重要作用，组织协调各方面资源力量加强对残疾人的关心关爱。

2. 强化残疾人社会救助保障。为符合条件的残疾人和残疾人家庭提供特困人员救助供养或最低生活保障。加强对生活无着流浪乞讨残疾人的救助安置和寻亲服务。做好对符合条件残疾人的医疗救助，强化医疗救助与基本医疗保险、大病保险的互补衔接，减轻困难残疾人医疗费用负担。加强临时救助，在重大疫情等突发公共事件中做好对困难残疾人的急难救助。

3. 加快发展残疾人托养和照护服务。积极发展服务类社会救助，推动开展残疾人长期照护服务。着力增强县级特困人员救助供养服务机构对残疾人特困对象的照护服务能力。鼓励通过政府购买服务对社会救助家庭中生活不能自理的残疾人提供必要的访视、照护服务。落实托养服务机构扶持政策，继续实施“阳光家园计划”，为就业年龄段（16—59周岁）智力、精神和重度肢体残疾人等提供托养服务，支持中西部地区残疾人托养服务发展。研究探索老年人能力评估标准、长期护理保险失能等级评估标准等与国家残疾人残疾分类和分级标准的衔接，支持养老服务机构完善服务功能，接收符合条件的盲人、聋人等老年残疾人。研究制定低收入重度残疾人照护服务指导意见，为符合条件的重度残疾人提供集中照护、日间照料、居家服务、邻里互助等多种形式的社会化照护服务。

4. 提高残疾人保险覆盖率和待遇水平。落实地方政府为重度残疾人代缴城乡居民基本养老保险费、资助符合条件的残疾人参加城乡居民基本医疗保险、对残疾人个体工商户和安置残疾人就业单位社会保险进行补贴等政策，帮助残疾人按规定参加基本养老和基本医疗保险，实现应保尽保。研究制定职工基本养老保险参保人员病残津贴政策。落实好29项符合条件的残疾人医疗康复项目纳入基本医保支付范围的政策，按规定做好重性精神病药物维持治疗参保患者门诊保障工作。支持就业残疾人依法参加失业保险，享受失业保险待遇。推进用人单位依法参加工伤保险，按规定支付工伤保险待遇，加强工伤预防和工伤职工康复工作。开展长期护理保险试点的地区，按规定将符合条件的残疾人纳入保障范围。鼓励残疾人参加意外伤害、补充养老等商业保险。鼓励商业保险机构开发残疾人商业保险产品、财产信托等服务。

5. 完善残疾人社会福利制度和社会优待政策。全面落实困难残疾人生活补贴和重度残疾人护理补贴制度，普遍建立补贴标准动态调整机制，有条件的地方可按规定扩大对象范围。有条件的地方可以对城乡困难残疾人、重度残疾人基本型辅助器具适配给予补贴，为残疾人携带辅助器具、导盲犬等乘坐公共交通工具、出入公共场所和进出境提供便利。落实低收入残疾人家庭生活用水、电、气、暖优惠补贴政策和电信业务资费优惠政策。落实残疾人机动轮椅车燃油补贴政策，落实残疾人乘坐市内公共汽车电车、城市轨道交通等优待政策，鼓励铁路、民航等为残疾人提供优惠便利。完善残疾人驾驶机动车政策。加强残疾孤儿、事实无人抚养残疾儿童医疗、康复、教育等服务，合理确定包括残疾孤儿、事实无人抚养残疾儿童在内的孤儿、事实无人抚养儿童等基本生活费标准，提升儿童福利机构安全管理水平和服务质量。加快建设精神卫生福利服务体系，为特殊困难精神残疾人提供康复、照护等服务。逐步实现在内地长期居住的港澳台地区残疾人享有居住地普惠性社会保障和公共服务。

6. 保障残疾人基本住房安全便利。优先解决低收入残疾人家庭住房安全问题。持续支持符合条件的农村低收入残疾人家庭实施危房改造，对符合条件的城镇残疾人家庭优先配租公租房，不断改善残疾人居住条件。城镇保障性住房建设、农村危房改造统筹考虑无障碍设施设备建设安装。

7. 落实残疾军人和伤残民警抚恤优待政策。构建科学化残疾评鉴、制度化退役安置、规范化收治休养、标准化待遇保障的伤病残军人安置管理和服务优待体系，合理确定残疾军人抚恤金标准，妥善解决伤病残军人生活待遇、子女入学等现实困难。修订《军人抚恤优待条例》、《人民警察抚恤优待办法》，加强相关抚恤优待工作，协调推动国家综合性消防救援队伍人员伤残优待政策落实落地。促进残疾军人、伤残民警残疾评定标准与国家残疾人残疾分类和分级标准合理衔接，保证残疾军人、伤残民警优先享受扶残助残政策待遇、普惠性社会保障和公共服务。

8. 加强重大疫情等突发公共事件中对残疾人的保护。推动公共卫生立法和突发公共事件应急预案保障残疾人等重点人群。制定重大疫情、自然灾害、安全事故等突发公共事件中残疾人社会支持和防护保护指南，研发适用于残疾人的专业救援技术和设备。加强残疾人集中场所和残疾人服务机构安全保障、应急服务、消防安全能力建设。村（社区）可以通过结对帮扶等方式，动员村（居）民协助残疾人更好应对突发灾害事故、及时疏散逃生。开展残疾人应急科普宣传，引导残疾人增强自救互救能力。

专栏2　残疾人社会保障重点项目

一、资金类

1. 最低生活保障。将符合条件的残疾人家庭全部纳入最低生活保障范围，低保边缘家庭的重度残疾人经本人申请参照单人户纳入低保范围。对纳入低保范围后生活仍有困难的残疾人和残疾人家庭，采取必要措施给予生活保障。

2. 困难残疾人生活补贴和重度残疾人护理补贴。完善困难残疾人生活补贴和重度残疾人护理补贴标准动态调整机制，补贴标准根据经济社会发展水平和残疾人生活保障需求、长期照护需求以及财政承受能力统筹确定，逐步完善补贴办法。推动两项补贴资格认定申请“跨省通办”，构建主动发现、精准发放、动态监管的智慧管理服务机制。

3. 残疾人基本型辅助器具适配资助。通过政府补贴等方式，对符合条件的残疾人适配辅助器具给予支持。

4. 残疾人电信业务资费优惠。合理降低残疾人使用移动电话、宽带网络等服务费用，减免残疾人使用助残公益类移动互联网应用程序（APP）流量资费。

5. 残疾评定补贴。为符合条件的低收入和重度残疾人残疾评定提供补贴和便利服务。

二、服务类

1. 困难残疾人走访探视服务。村（居）委会和残疾人协会对困难残疾人开展经常性走访探视，发现问题及时报告，协助予以解决。

2. 低收入重度残疾人照护服务。低收入重度残疾人数量和服务需求较多的乡镇（街道）可建立集中照护服务机构；有条件的村（社区）依托公共服务设施，为符合条件的重度残疾人提供集中照护、日间照料、居家服务、邻里互助等多种形式的社会化照护服务。

续表

3. 就业年龄段残疾人托养服务。乡镇（街道）根据需要建立残疾人托养服务机构，或依托党群服务中心、社区服务中心、社会福利机构、社会组织、企业等为就业年龄段智力、精神和重度肢体残疾人等提供生活照料和护理、生活自理能力训练、社会适应能力训练、运动能力训练、职业康复与劳动技能训练、辅助性就业等服务。政府投资建设的市、县级残疾人托养服务机构要发挥示范作用。 4. 残疾人社会工作和家庭支持服务。开展残疾人社会工作服务，为残疾人建立社会支持网络，让更多残疾人有“微信群”、“朋友圈”。为残疾人家庭提供临时照护“喘息服务”、心理辅导和康复、教育等专业指导。逐步在残疾人服务机构中设置社会工作岗位。 5. 重大疫情等突发公共事件中困难残疾人急难救助。对因疫情防控在家隔离的残疾人，落实包保联系人，加强走访探视，及时提供必要帮助。因突发事件等紧急情况，监护人暂时无法履行监护职责、被监护人处于无人照料状态的，被监护人住所地的村（居）委会或者相关部门应当及时为被监护人提供必要的临时生活照护。

（二）帮扶城乡残疾人就业创业，帮助残疾人通过生产劳动过上更好更有尊严的生活。

1. 完善残疾人就业法规政策。修订实施《残疾人就业条例》。落实残疾人就业支持政策，保障残疾人就业培训、就业服务、补贴奖励等相关资金投入。完善残疾人按比例就业制度，制定党政机关、事业单位、国有企业带头安置残疾人就业办法，合理认定按比例安排残疾人就业形式。加强残疾人就业促进政策与社会保障政策的衔接，纳入低保范围的已就业残疾人可按规定在核算其家庭收入时扣减必要的就业成本，并在其家庭成员人均收入超过当地低保标准后给予一定时间的渐退期。按照国家有关规定，对残疾人就业先进个人和用人单位予以表彰。

2. 多渠道、多形式促进残疾人就业创业。开展残疾人就业促进专项行动。对正式招录（聘）残疾人的用人单位按规定给予岗位补贴、社会保险补贴、职业培训补贴、设施设备购置改造补贴、职业技能鉴定补贴等扶持，对超比例安排残疾人就业的用人单位给予奖励。规范残疾人按比例就业年审并实现全国联网认证。落实残疾人集中就业单位税费优惠、政府优先采购等扶持政策，稳定残疾人集中就业。支持非营利性残疾人集中就业机构持续发展。在经营场地、设施设备、社会保险补贴、金融信贷等方面扶持残疾人自主创业、灵活就业，鼓励残疾人通过新就业形态实现就业。加大对“阳光家园”、“残疾人之家”等辅助性就业机构的支持保障力度，组织智力、精神和重度肢体残疾人等就业更为困难的残疾人就近就便参加生产劳动、进行职业康复、实现社会融合。统筹现有公益性岗位，安排符合条件的残疾人就业。修订《盲人医疗按摩管理办法》，推动省级盲人按摩医院建设，制定盲人保健按摩有关标准，扶持和规范盲人按摩行业发展。拓宽残疾人特别是盲人在文化艺术、心理卫生和互联网服务等领域就业渠道。为残疾人特别是聋人参加职业技能培训、就业创业提供无障碍支持服务。支持手工制作等残疾妇女就业创业项目，鼓励残疾人参与文化产业。扶持残疾人亲属就业创业，实现零就业残疾人家庭至少有一人就业。

专栏3　残疾人就业补贴奖励重点项目

一、补贴类

1. 残疾人自主就业创业补贴。对自主创业、灵活就业的残疾人，按规定给予经营场所租赁补贴、社会保险补贴、职业培训和创业培训补贴、设施设备购置补贴、网络资费补助、一次性创业补贴；对求职创业的应届高校残疾人毕业生给予补贴。

2. 残疾学生见习补贴。对符合条件的残疾学生在见习期间给予一定标准的补贴。

3. 招录（聘）残疾人的用人单位补贴。对正式招录（聘）残疾人的用人单位，按规定给予岗位补贴、社会保险补贴、职业培训补贴、设施设备购置改造补贴、职业技能鉴定补贴；对安排残疾人见习的用人单位给予一次性补贴。

续表

4. 辅助性就业机构补贴。对残疾人辅助性就业机构给予一次性建设、场地租金、机构运行、无障碍环境改造、生产设备和辅助器具购置等补贴。 5. 通过公益性岗位安排残疾人就业的用人单位补贴。对通过公益性岗位安排残疾人就业并缴纳社会保险费的用人单位给予社会保险补贴。 **二、奖励类** 1. 超比例安排残疾人就业奖励。对超比例安排残疾人就业的用人单位给予奖励。 2. 残疾人就业服务奖励。充分发挥残疾人就业服务中心、公共就业服务机构、劳务派遣公司、经营性人力资源服务机构在残疾人就业供需对接方面的作用，对推荐残疾人稳定就业一年以上的单位，按就业人数给予奖励。

3. 提升残疾人职业素质和就业创业能力。制定实施《残疾人职业技能提升计划（2021—2025 年）》，帮助有就业愿望和培训需求的残疾人普遍得到相应的职业素质培训、就业技能培训、岗位技能培训和创业培训。继续开展农村残疾人实用技术培训。支持符合条件的残疾人技能大师建立工作室。开发线上线下相结合的残疾人职业技能培训优质课程资源。完善残疾人职业技能培训保障和管理制度。研究制定残疾人职业技能培训补贴标准。开发适合残疾人就业或为残疾人服务的新职业。举办第七届全国残疾人职业技能竞赛暨第四届全国残疾人展能节、全国残疾人岗位精英职业技能竞赛等残疾人职业技能竞赛，组团参加国际残疾人职业技能竞赛。

4. 改进残疾人就业服务。健全残疾人就业服务体系，充分发挥残疾人就业服务机构和各类公共就业服务平台、人力资源服务机构、社会组织作用，为残疾人和用人单位提供全链条、专业化、精准化服务。建立残疾人就业辅导员制度，扩大就业辅导员队伍。为高校残疾人毕业生建立就业帮扶工作台账，按照“一人一档”、“一人一策”要求重点帮扶。将符合条件的就业困难残疾人纳入就业援助范围，持续开展“就业援助月”等专项就业服务活动。加强各级残疾人就业服务机构规范化建设，明确保障条件、专业人员配备等要求。通过政府购买服务等方式开展残疾人就业服务，拓宽服务渠道，提高服务质量。举办残疾人职业人才交流、残疾人就业产品市场营销、残疾人就业创业成果展示等活动。

5. 维护残疾人就业权益。合理确定残疾人取得职业资格和公务员、事业单位人员等入职的体检条件，对于具有正常履行职责的身体条件和心理素质的残疾人，应依法保障其平等就业权益。用人单位应当为残疾职工提供适合其身心特点的劳动条件、劳动保护、无障碍环境及合理便利，在晋职、晋级、职称评定、社会保险、生活福利等方面给予其平等待遇。加强残疾人就业劳动监察，坚决防范和打击侵害残疾人就业权益的行为。

专栏4　残疾人就业服务重点项目

1. 党政机关、事业单位按比例安排残疾人就业项目。编制50人以上（含50人）的省级、地市级党政机关，编制67人以上（含67人）的事业单位（中小学、幼儿园除外），安排残疾人就业未达到规定比例的，2025年前至少安排1名残疾人。县级及以上残联机关干部队伍中要有15%以上（含15%）的残疾人。

2. 农村残疾人就业帮扶基地建设项目。依托农村创业创新孵化实训基地和家庭农场、农民合作社、农业社会化服务组织等新型农业经营主体，扶持一批辐射带动能力强、经营管理规范、具有一定规模的残疾人就业帮扶基地，带动残疾人稳定就业、生产增收。

3. 残疾人职业技能培训和创业孵化基地建设项目。依托企业、职业院校、社会培训机构等，建设一批残疾人职业技能培训和创业孵化基地，打造残疾人职业技能培训、实习见习和就业创业示范服务平台。

4. 盲人按摩提升项目。大力推进盲人医疗按摩人员在医院、社区卫生服务机构等就业执业，完善职称评定有关规定。促进盲人保健按摩行业规范化、标准化、专业化、品牌化发展。

续表

5. 残疾人新就业形态扶持项目。鼓励互联网平台企业、中介服务机构等帮助残疾人参与网络零售、云客服、直播带货、物流快递、小店经济等新就业形态。 6. 残疾人辅助性就业项目。加强残疾人辅助性就业机构能力建设，鼓励引导市场主体和社会力量提供辅助性就业服务，提升残疾人就业水平和质量。 7. 残疾人公益性岗位项目。地方设立的乡村保洁员、水管员、护路员、生态护林员、社会救助协理员、农家书屋管理员、社区服务人员等公益性岗位优先安排残疾人。

（三）健全残疾人关爱服务体系，提升残疾人康复、教育、文化、体育等公共服务质量。

1. 加强残疾人健康服务。全面推进残疾人家庭医生签约服务，支持保障签约医生为残疾人提供基本医疗、公共卫生和健康管理等个性化服务。加强和改善残疾人医疗服务，为残疾人提供就医便利，维护残疾人平等就医权利。加强残疾人心理健康服务。关注残疾妇女健康，开展生殖健康服务。将残疾人健康状况、卫生服务需求与利用等纳入国家卫生服务调查，加强残疾人健康状况评估。

2. 提升残疾人康复服务质量。完善残疾人基本康复服务目录，继续实施精准康复服务行动，提升康复服务质量，满足残疾人基本康复服务需求。落实残疾儿童康复救助制度，合理确定康复救助标准，增加康复服务供给，确保残疾儿童得到及时有效的康复服务。加强精神卫生综合管理服务，广泛开展精神障碍社区康复。健全综合医院康复医学科、康复医院（康复医疗中心）、基层医疗卫生机构三级康复医疗服务体系。加强残疾人康复机构建设，完善全面康复业务布局，充实职业康复、社会康复、心理康复等功能。支持儿童福利机构增加和完善康复功能，配备相应的康复设备和专业技术人员，与医疗机构加强合作，提高康复医疗服务能力。加强社区康复，推广残疾人自助、互助康复，促进康复服务市场化发展。建成高起点、高水平、国际化的康复大学，加快培养高素质、专业化康复人才。完善康复人才职称评定办法。加强康复学科建设和科学技术研究，发挥中医药在康复中的独特优势，推动康复服务高质量发展。

3. 加快发展康复辅助器具服务。开展康复辅助器具产业国家综合创新试点。推广安全适用的基本型康复辅助器具，加快康复辅助器具创新产品研发生产，增强优质康复辅助器具供给能力，推动康复辅助器具服务提质升级。鼓励实施公益性康复辅助器具适配项目。完善康复辅助器具适配服务网络，加强各级康复辅助器具适配服务机构建设，支持社会力量及医疗、康复、养老机构和残疾人教育、就业、托养机构开展康复辅助器具适配服务。推广社区康复辅助器具租赁、回收、维修等服务。完善康复辅助器具标准体系，充分发挥标准对康复辅助器具产业的支持和引领作用。加强康复辅助器具产品质量检验认证。搭建产业促进和信息交流平台，继续办好中国国际福祉博览会等展示交流活动。

4. 强化残疾预防。制定实施残疾预防行动计划，结合残疾预防日、预防出生缺陷日、爱眼日、爱耳日、全国防灾减灾日等节点，广泛开展残疾预防宣传教育，形成全人群、全生命周期的残疾预防意识。加强出生缺陷综合防治，构建覆盖城乡居民，涵盖婚前、孕前、孕期、新生儿期和儿童期各阶段的出生缺陷防治体系，继续针对先天性结构畸形等疾病实施干预救助项目，预防和减少出生缺陷、发育障碍致残。大力推进0—6岁儿童残疾筛查，建立筛查、诊断、康复救助衔接机制。加强省、市、县三级妇幼保健机构能力建设，夯实县、乡、村儿童保健服务网络，不断提升儿童致残性疾病早发现、早诊断、早干预、早康复能力和效果。实施慢性病预防干预措施，开展重大慢性病早诊早治，减少慢性病致残。开展社会心理服务和社区心理干预，预防和减少精神残疾发生。开展防盲治盲、防聋治聋工作，加强对麻风病等传染病和碘缺乏病、大骨节病等地方病的防控。加强安全生产、消防安全和交通安全管理，加强道路交通安全执法和安全防护设施建设，加快公共场所急救设备配备，提高自然灾害和火灾现场应急处置能力、突发事件紧急医学救援能力和院前急救能力，防止老年人跌倒、儿童意外伤害致残，减少因灾害、事故、职业伤害等致残。

专栏5　残疾人健康和康复服务重点项目
1. 残疾人精准康复服务行动。开展残疾人康复需求调查评估，为残疾人普遍提供基本康复服务，为家庭照护者提供居家康复、照护技能培训和支持服务。针对特困残疾人和残疾孤儿实施“福康工程”、孤儿医疗康复明天计划等康复服务项目。 2. 残疾儿童康复救助项目。为符合条件的残疾儿童提供手术、辅助器具适配、康复训练等服务。有条件的地区，可扩大残疾儿童康复救助年龄范围，也可放宽对救助对象家庭经济条件的限制，合理确定救助标准，提高康复质量。 3. 精神卫生综合管理服务。开展严重精神障碍患者日常发现、登记报告、随访管理、服药指导、社区康复、心理支持和疏导等服务，为家庭照护者提供技能培训、心理支持和疏导等服务。健全精神障碍社区康复服务体系，实现80%以上县（市、区、旗）开展精神障碍社区康复服务。 4. 残疾人互助康复项目。推广脊髓损伤者“希望之家”、中途失明者“光明之家”、精神障碍患者家属专家交流互助等残疾人互助康复项目。 5. 康复辅助器具产业培育项目。鼓励康复辅助器具企业转型升级和并购重组，做大做强龙头企业，带动产业发展。 6. 康复专业人才培养项目。加强康复医疗人才队伍建设，开展残疾人康复专业技术人员规范化培训。将康复专业纳入全科医生、家庭医生、村医等培养培训内容。 7. 康复大学建设项目。建成高起点、高水平、国际化的康复大学，加强学科建设，加快培养高素质康复人才，推动现代康复医学基础研究。

5. 健全残疾人教育体系。坚持立德树人，促进残疾儿童少年德智体美劳全面发展。制定实施《第三期特殊教育提升计划（2021—2025

年）》。巩固提高残疾儿童少年义务教育水平，加快发展非义务教育阶段特殊教育。健全普通学校随班就读支持保障体系，发挥残疾人教育专家委员会作用，实现适龄残疾儿童少年“一人一案”科学教育安置。着力发展以职业教育为重点的残疾人高中阶段教育，使完成义务教育且有意愿的残疾青少年都能接受适宜的中等职业教育。稳步推进残疾人高等教育，支持有条件的高校面向残疾考生开展单考单招，为残疾人接受高等教育提供支持服务。开展残疾人融合教育示范区、示范校和优秀教育教学案例遴选。支持高校开展残疾人融合教育。落实从学前到研究生教育全覆盖的学生资助政策，对家庭经济困难的残疾学生（幼儿）予以资助。为残疾学生提供辅助器具、特殊学习用品、康复训练和无障碍等支持服务，为残疾学生参加国家教育考试和部分职业考试提供合理便利。

6. 完善特殊教育保障机制。发挥高校等机构特殊教育专业优势，建设国家和省级特殊教育资源中心（基地）。各省（自治区、直辖市）根据残疾学生规模、类型、分布等情况，因地制宜合理配置特殊教育资源。支持符合条件的儿童福利机构单独设立特教班、特教幼儿园、特教学校开展特殊教育。继续改善特殊教育学校办学条件，加强特殊教育学校规范化建设，推行新课标新教材，改革教学教研，建立学校、家庭、社会协同育人机制。加强特殊教育师资队伍建设，创新培养方式，按国家有关规定开展表彰奖励，提升教书育人能力素质。加强特殊教育督导和质量监测评估。制定实施《第二期国家手语和盲文规范化行动计划（2021—2025年）》，加快推广国家通用手语和国家通用盲文。

专栏6　残疾人教育重点项目
1. 残疾儿童少年义务教育巩固提高项目。县（市、区、旗）规范设立残疾人教育专家委员会，对适龄残疾儿童少年入学需求进行排查和评估，给予科学教育安置。推动各地规范送教上门工作。

续表

2. 残疾幼儿学前康复教育发展项目。鼓励普通幼儿园招收具有接受普通教育能力的残疾幼儿，支持特殊教育学校、残疾儿童康复机构、儿童福利机构开展学前康复教育，有条件的地方建立残疾儿童学前康复教育机构，加强公办残疾儿童学前康复教育机构建设，支持视力、听力、智力残疾儿童和孤独症儿童接受学前康复教育。 3. 残疾人职业教育提升项目。支持普通职业院校招收具有接受普通教育能力的残疾学生。支持特殊教育学校与普通职业院校联合开展残疾人职业教育。鼓励各省（自治区、直辖市）至少办好一所面向全省（自治区、直辖市）招生的残疾人中等职业学校。支持中高等职业学校（含特教学校中职部）加强实训基地建设，为残疾学生实习实训提供保障和便利。 4. 融合教育推广项目。鼓励普通学校招收具有接受普通教育能力的残疾儿童少年，同等条件下在招生片区内优先安排残疾儿童少年就近就便入学。设置随班就读区域资源中心或资源教室，配备必要的教育教学、康复训练设施设备和专业人员。 5. 特殊教育师资培养项目。师范类院校和综合性院校的师范专业开设特殊教育课程。加强评估，提高师范类院校特殊教育专业质量和水平。实施特殊教育学校校长、特殊教育骨干教师和融合教育骨干教师培训项目。改进培养模式，加大中西部地区特殊教育教师定向培养力度。鼓励高校面向一线教师开展特殊教育专业硕士研究生教育。支持高校残疾人毕业生从事特殊教育。 6. 手语盲文推广项目。丰富国家通用手语，加强手语翻译认证审核和注册管理，开展面向公共服务行业的国家通用手语推广。加强国家手语和盲文研究中心建设，依托华夏出版社和中国盲文出版社建设国家通用手语数字推广中心、国家通用盲文研究和推广中心。加强手语盲文研究推广人才培养。推动盲文数字化出版。推进国家通用手语、国家通用盲文在特殊教育教材中的应用。

7. 提升残疾人公共文化服务。鼓励残疾人参加“书香中国·阅读有我”等公共文化活动，持续开展“残疾人文化周”、“共享芬芳·共铸美好”等残疾人群众性文化艺术活动，推动基层创建一批残健融合文化服务示范中心（站、点），不断满足残疾人文化需求、增强残疾人精神力量。加强中西部和农村地区重度残疾人文化服务，为盲人、聋人提

供无障碍文化服务。鼓励电视台、广播电台、网络视听媒体和融媒体中心开设残疾人专题节目。发展特殊艺术，鼓励残疾人参与文化艺术创作和非物质文化遗产传承，扶持残疾人题材图书等出版。扶持残疾人特殊艺术人才和师资培养。举办第十届、第十一届全国残疾人艺术汇演，举办国际特殊艺术交流活动。扶持中国残疾人艺术团和地方残疾人文艺小分队开展基层巡演。

8. 推动残疾人体育全面发展。筹办好北京冬残奥会，实现“简约、安全、精彩”目标。实施残疾人奥运争光行动，不断提高竞技水平，在北京冬残奥会和东京残奥会等重大国际赛事上力争好成绩。办好杭州亚残运会和第十一届、第十二届全国残运会暨特奥会等重大赛事。实施残疾人康复健身体育行动，将残疾人作为重点人群纳入全民健身公共服务体系建设，组织残疾人参加各级各类全民健身活动，推动残疾人康复健身体育身边化服务。加强残疾人体育运动保护研究。

专栏7　残疾人文化、体育服务重点项目

一、残疾人文化服务

1. “五个一”文化进家庭、进社区项目。为重度残疾人家庭开展“五个一”（读一本书、看一场电影、游一次园、参观一次展览、参加一次文化活动）文化服务。依托新时代文明实践中心和基层文化设施，增添必要的文化设备，推动基层创建一批残健融合文化服务示范中心（站、点）。

2. 盲人文化服务项目。为盲人提供盲文读物、有声读物、大字读物、数字阅读、无障碍电影电视剧等产品和服务。继续开展盲人数字阅读推广工程。推动公共图书馆盲人阅览室（区）建设，加强中国盲文图书馆和分支馆建设，增加公共图书馆盲文图书和视听文献资源。鼓励电影院线、有线电视提供无障碍影视服务。

3. 聋人文化服务项目。鼓励影视作品、网络视频加配字幕，鼓励有条件的省市级电视台开播国家通用手语或实时字幕栏目。

4. 网络视听媒体文化服务项目。加强残疾人融媒体平台建设，依托网络视听媒体开设残疾人文化宣传专题节目。

续表

5. 特殊艺术推广项目。支持中国残疾人艺术团创编精品舞台演出剧目，培育“我的梦”特殊艺术品牌。鼓励残疾人参与文化艺术创作，支持残疾儿童少年艺术教育。 6. 残疾人文化产业发展项目。扶持一批吸纳较多残疾人就业、具有较好市场发展前景的文化产业基地。 **二、残疾人体育发展** 1. 残疾人奥运争光行动。完善训练、科研、医疗等复合型支撑团队，提高国家残疾人体育训练基地保障服务能力，不断提升残疾人竞技体育水平。 2. 残疾人康复健身体育行动。推广适合残疾人的康复健身体育项目、方法和器材，设立残疾人自强康复健身示范点，培养残疾人康复健身社会体育指导员。为重度残疾人提供康复体育进家庭服务。组织举办“残疾人冰雪运动季”、“残疾人健身周”、“全国特奥日”等群众性体育品牌活动。

9. 大力发展残疾人慈善事业和服务产业。鼓励残联、工会、共青团、妇联、科协等群团组织和社会组织、企事业单位等实施助残慈善项目。深入开展“青年志愿者助残阳光行动”、“关心我的残疾人邻居”、“牵着蜗牛去散步”和“集善优品”消费助残等志愿服务关爱行动。培育“集善工程”、“通向明天”等残疾人慈善事业品牌。生活服务业发展布局充分考虑残疾人需求，加快康复辅助器具、康复教育、托养照护、生活服务、无障碍、文化休闲等残疾人服务业发展，满足残疾人多元化、多层次品质生活需求。采取政府购买服务、政府和社会资本合作等方式，加快培育助残社会组织和企业，吸引社会力量和市场主体参与残疾人服务。

10. 加强残疾人服务标准化和行业管理。细化残疾人基本公共服务项目的设施建设、功能布局、施工规范、设备配置、人员配备、服务流程、管理规范等软硬件标准要求，完善标准体系，加强标准间统筹衔接和基层设施设备共建共享。加强康复、托养等残疾人服务行业管理，全面开展绩效评价，支持残疾人和残疾人亲属参与评价。在场地、设备、人才、技术等方面扶持各类残疾人服务机构发展，优先扶持公益性、普惠性残疾人服务机构，支持残疾人服务机构连锁化、品牌化运营。开展残疾人服务需求评估和服务资源调查，为残疾人提供适合的产品和服务。严格规范残疾评定和残疾人证核发管理，全面推行残疾人证电子证照应用，实现“跨省通办”。

（四）保障残疾人平等权利，为残疾人提供无障碍环境和便利化条件。

1. 提高残疾人事业法治化水平。落实宪法、民法典等法律法规关于保障残疾人权益的规定，健全残疾人权益保障法律法规体系，推动残疾人保障法等法律法规有效实施。涉及残疾人的立法应充分论证，开展反残疾歧视评估，广泛征询残疾人、残疾人组织和社会各方面意见。研究完善残疾人就业、无障碍环境建设法律制度，开展残疾人社会保障、残疾人成人监护等立法研究。将残疾人保障法等相关法律法规宣传教育纳入“八五”普法，认真落实“谁执法、谁普法”普法责任制，加大全媒体普法宣传力度。配合各级人大、政协开展残疾人保障法等法律法规执法检查、视察和调研。支持各地制定保护残疾人权益的地方性法规和优惠扶助规定。

2. 创新残疾人法律服务和权益维护。开展残疾人尊法学法守法用法专项行动。将残疾人作为公共法律服务的重点对象，完善公共法律服务平台无障碍功能，依据国家有关规定扩大残疾人法律援助覆盖面，重点提升残疾人法律援助质量。完善残疾人法律救助工作协调机制，培养助残公益律师队伍，开展法律援助志愿助残行动，为残疾人提供及时有效的法律救助服务。加强对残疾人的司法保护，方便残疾人诉讼。发挥“12385”残疾人服务热线和网络信访平台作用，建立健全残疾人权益维护应急处置机制。坚决打击侵害残疾人权益的违法犯罪行为。不断拓宽残疾人和残疾人组织民主参与、民主协商渠道，有效保障残疾人的知情权、参与权、表达权、监督权，支持更多残疾人、残疾人亲友和残疾人工作者进入各级人大、政协并提供履职便利。

3. 提升无障碍设施建设管理水平。新建设施严格执行无障碍相关标准规范。在乡村建设行动、城市更新行动、城镇老旧小区改造和居住社区建设中统筹推进无障碍设施建设和改造。城市道路、公共交通、社区服务设施、公共服务设施和残疾人服务设施、残疾人集中就业单位等加快开展无障碍设施建设和改造。提高残疾人家庭无障碍改造水平。加快推广无障碍公共厕所。探索传统无障碍设施设备数字化、智能化升级。开展无障碍市县村镇达标验收工作。提高无障碍设施规划建设管理水平，推进无障碍设计设施认证工作，提高全社会无障碍意识，加强无障碍监督，保障残疾人、老年人等通行安全和使用便利。

4. 加快发展信息无障碍。将信息无障碍作为数字社会、数字政府、智慧城市建设的重要组成部分，纳入文明城市测评指标。推广便利普惠的电信服务，加快政府政务、公共服务、电子商务、电子导航等信息无障碍建设，加快普及互联网网站、移动互联网应用程序和自助公共服务设备无障碍。推进智能化服务要适应残疾人需求，智能工具应当便于残疾人日常生活使用。促进信息无障碍国家标准推广应用，加强对互联网内容可访问性的测试、认证能力建设，开展互联网和移动互联网无障碍化评级评价。支持研发生产科技水平高、性价比优的信息无障碍终端产品。

专栏 8　无障碍重点项目

一、无障碍设施

1. 道路交通无障碍。城市主要道路、主要商业区和大型居住区的人行天桥和人行地下通道配备无障碍设施，人行横道交通信号灯逐步完善无障碍服务功能。公共停车场和大型居住区的停车场设置并标明无障碍停车位。民用航空器、客运列车、客运船舶、公共汽车电车、城市轨道交通车辆等公共交通工具逐步配备无障碍设备。

续表

2. 公共服务设施无障碍。加快推动医疗、教育、文化、体育、交通、金融、邮政、商业、旅游、餐饮等公共服务设施和特殊教育、康复、托养、社会福利等残疾人服务设施、残疾人集中就业单位无障碍改造。 3. 社区和家庭无障碍。居住建筑、居住社区建设无障碍设施。为困难重度残疾人家庭实施无障碍改造。 4. 无障碍公共厕所。加快推进公共服务设施、交通设施、旅游景区等无障碍公共厕所建设。 **二、信息无障碍** 1. 互联网网站和移动互联网应用程序信息无障碍。加快政府门户网站、政务服务平台和网上办事大厅信息无障碍建设。推动新闻资讯、社交通讯、生活购物、医疗健康、金融服务、学习教育、旅游出行等互联网网站、移动互联网应用程序（APP）的无障碍改造。 2. 自助服务终端信息无障碍。推进自动售卖设备、医院自助就医设备、银行自动柜员机、地铁自助检票设备、机场自助值机设备等自助公共服务设备的无障碍改造。 3. 食品药品说明信息无障碍。利用图像识别、二维码等技术加快食品药品信息识别无障碍。 4. 应急服务信息无障碍。把国家通用手语、国家通用盲文作为应急语言文字服务内容，政府新闻发布会和电视、网络发布突发公共事件信息时加配字幕和手语，医院、疏散避险场所和集中隔离场所等设置语音、字幕等信息提示装置。 **三、无障碍服务** 政府新闻发布会配备同步速录字幕、手语翻译，鼓励政务服务大厅和公共服务场所为残疾人提供字幕、手语、语音等服务。支持地方建设听力、言语残疾人无障碍信息服务平台。

5. 营造全社会助残和残疾人自强的文明社会氛围。深入开展习近平新时代中国特色社会主义思想学习教育，学习宣传习近平总书记关于残疾人事业的重要指示批示精神，坚持以社会主义核心价值观为引领，

加强新时代中国特色残疾人事业理论和实践研究，厚植残疾人事业发展的思想文化基础。将扶残助残纳入公民道德建设、文明创建活动和新时代文明实践中心建设，弘扬人道主义精神和扶残助残传统美德，营造理解、尊重、关心、帮助残疾人的文明社会氛围。激发残疾人自强不息精神，鼓励残疾人自尊、自信、自强、自立。加强残疾人事业全媒体传播能力建设，办好全国助残日、国际残疾人日和全国残疾人事业好新闻作品评选等主题宣传活动，支持残疾人题材优秀纪录片、公益广告、网络视听节目制作播出。开展“全国自强模范”和助残先进评选表彰。

（五）完善支持保障条件，促进残疾人事业高质量发展。

1. 强化党委领导、政府负责的领导体制。加强党对残疾人工作的领导，确保习近平总书记关于残疾人事业的重要指示批示精神和党中央、国务院决策部署有效落实，为残疾人事业发展提供坚强政治保障。完善党委领导、政府负责、部门协同、社会参与、市场推动、残疾人组织充分发挥作用的领导体制和工作机制，各级政府残疾人工作委员会统筹协调，有关部门分工协作、履职尽责，形成协同高效的工作合力。

2. 健全多元化投入格局。各级政府按规定做好残疾人事业经费保障。加快构建预算绩效管理体系，资金原则上优先保障实施效果好、残疾人满意度高的项目。落实残疾人事业金融、税收等支持政策，吸引社会资本、慈善捐赠等资金，形成多渠道、多元化投入格局。

3. 加强基础设施和信息化建设。实现有条件的县（市、区、旗）残疾人服务设施全覆盖，促进服务设施规范运营和发挥效益。地方可对新建民办残疾人康复和托养机构给予支持。鼓励地方将政府投资建设的残疾人服务设施无偿或低价提供给公益性、普惠性残疾人服务机构使用。乡镇（街道）、村（社区）为残疾人服务提供场地保障。加强特殊教育学校、残疾人服务设施和基层残疾人组织的信息基础设施建设。推动残疾人基本公共服务项目纳入各地政务服务“一网通办”平台、社会保障卡等加载残疾人服务功能。坚持传统服务方式与智能化服务创新并行，建立线上线下相结合的残疾人服务体系，推动数字化服务在助残中的普惠应用。完善残疾人口基础数据，改进残疾人服务需求和服务供给调查统计，加强残疾人服务大数据建设。

4. 加快科技创新和人才培养。将科技助残纳入科技强国行动纲要，促进生命健康、人工智能等领域科学技术在残疾人服务中示范应用，开展残疾预防、主动健康、康复等基础研究，扶持智能化康复辅助器具、康复设备、盲文数字出版、无障碍等领域关键技术研究和产品推广应用。利用现有资源研究设立康复国家重点实验室，鼓励企业、高校、科研院所等参与残疾人服务科技创新和应用。推动建立从中职、高职到本科、硕士、博士等较为完整的残疾人服务相关专业人才培养体系，鼓励有条件的职业院校和普通本科院校增设康复治疗、康复工程技术、特殊教育、手语、盲文等相关专业，加强残疾人服务从业人员职业能力建设和职称评定，加快培养残疾人康复、教育、就业、托养照护、文化、体育、社会工作等专业人才队伍。

专栏9　基础设施、信息化和科技创新重点项目
1. 残疾人服务设施兜底线工程项目。继续支持残疾人康复、托养等服务设施建设，配置专业设备和器材。支持集中安置盲人医疗按摩人员执业的按摩专科医院建设。 2. 特殊教育学校提升项目。鼓励人口20万以上的县（市）独立设置特殊教育学校，有条件的省（自治区、直辖市）建立孤独症儿童特殊教育学校。各省（自治区、直辖市）扶持一所残疾人职业院校建设提升实训基地。 3. 精神卫生福利设施建设项目。优化精神卫生社会福利机构布局，改善现有设施条件，在精神卫生服务能力不足的地区建设100个左右精神卫生福利设施，逐步形成布局合理、功能完善的精神卫生福利设施体系，为困难精神障碍患者提供集中照护、康复服务。 4. 互联网康复项目。建立线上线下相结合的康复服务平台，支持“爱心阳光”中国残疾人综合服务云平台和华夏云课堂建设，为基层康复机构、残疾人、残疾儿童少年及其家长提供指导和服务。

续表

5. 残疾人就业创业网络服务平台项目。完善全国残疾人职业技能培训管理系统、就业服务管理系统、按比例就业年审系统和盲人医疗按摩人员管理系统，保障系统有效运行。 6. 残疾人服务大数据建设项目。建设残疾人口基础信息和服务需求、服务资源信息数据库，实现与政府有关部门数据的联通共享，推动精准化服务和精细化管理。 7. 科技助残项目。实施相关科技计划项目，开展智能助听、中高端假肢、儿童康复机器人、基于智慧城市的无障碍等技术研发，推动3D盲文绿色印刷生产、语音字幕实时转换、智能化轮椅、柔性可穿戴外骨骼辅助机器人等技术和产品推广应用。

5. 促进残疾人事业城乡、区域协同发展。结合乡村建设行动，加强和改善农村残疾人服务。强化县城残疾人综合服务能力。城镇公共服务设施辐射带动乡村残疾人服务，引导鼓励城镇残疾人服务资源向乡村延伸。城镇残疾人基本公共服务逐步覆盖常住人口。促进中西部、东北地区残疾人事业加快发展，鼓励东部地区探索率先实现残疾人事业现代化。支持革命老区、民族地区、边疆地区残疾人事业加快发展。促进京津冀残疾人事业协同发展，提升长江经济带、黄河流域残疾人事业整体水平，发挥粤港澳大湾区残疾人事业高质量发展先行示范作用，推进长三角残疾人公共服务便利共享。鼓励各地发挥地方优势创新残疾人保障和发展措施。

6. 增强基层为残疾人服务的能力。将残疾人公共服务纳入县（市、区、旗）、乡镇（街道）政府公共服务事项清单和村（居）委会承担的社区工作事项清单及协助政府的社区工作事项清单。实施县域残疾人服务能力提升行动，建设县、乡、村三级联动互补的基层残疾人服务网络。县（市、区、旗）明确残疾人基本公共服务实施标准，开展残疾人需求评估，加强服务资源统筹。乡镇（街道）普遍建立“阳光家园”、“残疾人之家”等服务机构，开展残疾人集中照护、日间照料、社区康复、辅助性就业等服务。将残疾人服务纳入城乡社区治理和服务体系建设，村（居）委会将残疾人作为重点服务对象，加强走访探视，根据残疾人需求协助政府做好集中照护、日间照料、居家服务、邻里互助、安全提示、辅助性就业、社会工作等服务，实现“乡乡有机构、村村有服务”。针对残疾人特殊困难推行上门办、网上办、就近办、一次办等便利化服务。发现侵犯残疾人合法权益的违法犯罪行为，及时报告并采取有效措施加以解决。支持各类社会组织在城乡社区有序开展助残服务。

7. 发挥残疾人组织桥梁纽带作用。各级残联要深入学习贯彻习近平新时代中国特色社会主义思想和习近平总书记关于残疾人事业的重要指示批示精神，以政治建设为统领，落实党的建设、全面从严治党各项任务，进一步增强“四个意识”、坚定“四个自信”、做到“两个维护”。发扬优良传统，履行好残联的“代表、服务、管理”职能，为残疾人解难，为党和政府分忧，把残疾人群众紧紧凝聚在党的周围，听党话、跟党走。深化各级残联改革建设，加强服务创新，增强工作活力。强化县（市、区、旗）和乡镇（街道）残联建设，实现村（社区）残疾人协会全覆盖。改善乡镇（街道）残联、村（社区）残协专职委员待遇，提高其履职能力。支持残疾人专门协会建设，发挥“代表、服务、维权、监督”职能。通过专兼挂等多种方式增强残疾人工作力量，培养忠诚、干净、担当，懂残疾人、知残疾人、爱残疾人、心系残疾人的高素质残联干部队伍。重视各级残联残疾人干部、年轻干部、基层干部培养选拔。加强各级残联党风廉政建设和反腐败斗争。广大残疾人工作者要不忘初心、牢记使命，自觉践行好干部标准，恪守职业道德，加强思想修养，提高专业素质，全心全意为残疾人服务。

8. 积极营造残疾人事业发展的良好国际环境。服务国家外交大局，履行联合国《残疾人权利公约》，落实2030年可持续发展议程涉残疾人可持续发展目标，参与国际残疾人事务。务实开展“一带一路”残疾人群体交流和残疾人事务合作，深化与重点国家及周边国家和地区残疾人事务合作。继续开展“亚太残疾人十年”等残疾人事务区域合作，支持康复国际等国际残疾人组织发挥作用。加强对外宣传，讲好中国残疾人故事，展示我国残疾人人权保障和发展成就。

四、实施机制

实施好本规划是各级政府和全社会的责任。国务院有关部门和单位要根据职责分工制定配套实施方案，各地区要依据本规划制定当地“十四五”残疾人保障和发展（或残疾人事业）规划，确保各项任务落到实处。

国务院残疾人工作委员会及有关部门要对规划实施情况进行年度监测、中期评估和总结评估，开展第三方评估和社会满意度调查，及时发现和解决规划实施中出现的问题。各地区要将当地“十四五”残疾人保障和发展（或残疾人事业）规划实施情况纳入政府工作考核。省级以上政府残疾人工作委员会要在“十四五”期末对规划实施情况进行评估总结，按照国家有关规定对先进典型予以表彰。

附录二　常用文书范本[①]

困难残疾人家庭无障碍改造申请、审批表

<table>
<tr><td>姓　　名</td><td></td><td>性　　别</td><td></td><td>联系电话</td><td></td></tr>
<tr><td>残疾类别</td><td></td><td>残疾等级</td><td></td><td>残疾证号</td><td></td></tr>
<tr><td>改造地址</td><td colspan="5"></td></tr>
<tr><td rowspan="3">无障碍需求</td><td>无障碍设施改造</td><td colspan="4"></td></tr>
<tr><td>辅助器具适配</td><td colspan="4"></td></tr>
<tr><td>其　他</td><td colspan="4"></td></tr>
<tr><td colspan="2">申请人（监护人）签名</td><td colspan="4">（签名）
年　月　日</td></tr>
<tr><td colspan="3">所在乡镇（街道）残联意见

（盖章）
年　月　日</td><td colspan="3">县（市、区）残联意见

（盖章）
年　月　日</td></tr>
<tr><td>备　注</td><td colspan="5"></td></tr>
</table>

① 本部分表格均参见瓯海区残联网站，http：//dpf. ouhai. gov. cn/col/col1232495/index. html，2023 年 6 月 28 日访问。仅供参考，具体以各地方政策为准。

困难残疾人家庭无障碍改造评估设计、验收表

<table>
<tr><td>姓　　名</td><td></td><td>性别</td><td></td><td>残疾类别</td><td></td></tr>
<tr><td>残疾证号</td><td colspan="3"></td><td>联系电话</td><td></td></tr>
<tr><td>改造地址</td><td colspan="5"></td></tr>
<tr><td>施工单位</td><td colspan="5"></td></tr>
<tr><td>开工日期</td><td colspan="2"></td><td>竣工日期</td><td colspan="2"></td></tr>
<tr><td>施工现场负责人</td><td colspan="2"></td><td>联系电话</td><td colspan="2"></td></tr>
<tr><td rowspan="3">无障碍需求</td><td>无障碍设施改造</td><td colspan="4"></td></tr>
<tr><td>辅助器具适配</td><td colspan="4"></td></tr>
<tr><td>其　他</td><td colspan="4"></td></tr>
<tr><td>改造设计</td><td colspan="2">申请人（监护人）
签名
年　月　日</td><td colspan="2">评估设计方
盖章
年　月　日</td><td>县（市、区）残联
盖章
年　月　日</td></tr>
<tr><td>改造前后对比照片（可附页）</td><td colspan="3">（前）</td><td colspan="2">（后）</td></tr>
<tr><td>改造评价</td><td colspan="3">非常满意□　满意□　基本满意□　不满意□</td><td>签　名</td><td></td></tr>
<tr><td>验收意见</td><td colspan="2">申请人（监护人）
签名
年　月　日</td><td colspan="2">施工方
盖章
年　月　日</td><td>县（市、区）残联
盖章
年　月　日</td></tr>
</table>

残疾人基本型辅助器具补贴
申请审批表

市　　　　县（市、区）　　　　街道（乡、镇）　　　　村（社区）

姓　名		残疾证号码		性　别	
残疾类别		残疾等级		年　龄	
家庭住址			联系电话		
监护人姓名		监护人电话		与监护人关系	
家庭经济情况	○享受困难补贴残疾人			○其他家庭	
是否在校	○是			○否	
申请辅具类别	○实物配发类			○货币补贴类	
申请辅具名称					
辅具名称 1		发票金额		补助金额	
辅具名称 2		发票金额		补助金额	
辅具名称 3		发票金额		补助金额	
申请人签字	签字： 年　月　日				
街道（乡、镇）残联审核	签字： 年　月　日				
县（市、区）残联审核	签字： 年　月　日				

重度残疾人“一键通”服务审核表

街道（乡镇）　　　社区（村）　　　年　月　日

<table>
<tr><td>申请残疾人姓名</td><td colspan="2"></td><td colspan="2">性别</td><td></td><td>残疾证号</td><td></td></tr>
<tr><td>户籍地住址</td><td colspan="5"></td><td>联系电话</td><td></td></tr>
<tr><td>现居住地址</td><td colspan="7"></td></tr>
<tr><td>居住状况</td><td colspan="7">独居□　与配偶同住□　与子女同住□
与亲友同住□　养托机构□</td></tr>
<tr><td>健康状况</td><td colspan="7">健康□　慢性病□</td></tr>
<tr><td rowspan="5">家庭其他
成员基本
情况</td><td>姓名</td><td colspan="2">性别</td><td>年龄</td><td colspan="2">有关情况简要说明</td><td>联系电话</td></tr>
<tr><td></td><td colspan="2"></td><td></td><td colspan="2"></td><td></td></tr>
<tr><td></td><td colspan="2"></td><td></td><td colspan="2"></td><td></td></tr>
<tr><td></td><td colspan="2"></td><td></td><td colspan="2"></td><td></td></tr>
<tr><td></td><td colspan="2"></td><td></td><td colspan="2"></td><td></td></tr>
<tr><td>其他联系人</td><td></td><td colspan="2"></td><td></td><td colspan="2"></td><td></td></tr>
<tr><td>其他联系人</td><td></td><td colspan="2"></td><td></td><td colspan="2"></td><td></td></tr>
<tr><td>申请人
（签字）</td><td colspan="7">年　月　日</td></tr>
<tr><td>社区（村）
审核意见</td><td colspan="7">经办人：　　　年　月　日（公章）</td></tr>
<tr><td>街道（乡镇）残联
审核意见</td><td colspan="7">经办人：　　　年　月　日（公章）</td></tr>
<tr><td>县（市、区）
残联审批
意　见</td><td colspan="7">经办人：　　　年　月　日（公章）</td></tr>
</table>

图书在版编目（CIP）数据

中华人民共和国无障碍环境建设法：案例注释版／中国法制出版社编．—北京：中国法制出版社，2023.8
（法律法规案例注释版系列；22）
ISBN 978-7-5216-3712-0

Ⅰ．①中… Ⅱ．①中… Ⅲ．①残疾人-城市道路-城市建设-法规-中国②残疾人保障法-中国 Ⅳ．①D922.182.3②D922.7

中国国家版本馆 CIP 数据核字（2023）第 115586 号

责任编辑：谢雯　　封面设计：蒋怡　杨鑫宇

中华人民共和国无障碍环境建设法：案例注释版

ZHONGHUA RENMIN GONGHEGUO WUZHANG'AI HUANJING JIANSHEFA：ANLI ZHUSHIBAN

经销/新华书店
印刷/三河市国英印务有限公司
开本/850 毫米×1168 毫米　32 开　　印张/ 4.875　字数/ 111 千
版次/2023 年 8 月第 1 版　　2023 年 8 月第 1 次印刷

中国法制出版社出版
书号 ISBN 978-7-5216-3712-0　　定价：25.00 元

北京市西城区西便门西里甲 16 号西便门办公区
邮政编码：100053　　传真：010-63141600
网址：http：//www.zgfzs.com　　**编辑部电话：010-63141802**
市场营销部电话：010-63141612　　**印务部电话：010-63141606**

（如有印装质量问题，请与本社印务部联系。）